本套教材出版获以下资助：

暨南大学高水平大学建设专项资金

教育部中外语言交流合作中心国际中文教育精品教材“1+2”资助工程

CENTER FOR LANGUAGE EDUCATION AND COOPERATION
中外语言交流合作中心

暨南大学华文学院
College of Chinese Language and Culture, Jinan University

MULTIMEDIA PRINT READER
MPR
www.mpreader.com

国际中文教育精品教材

汉语言专业规划系列教材

i学中文

第三册

总主编◎王衍军 林奕高 张艳

分册主编◎李惠静

暨南大学出版社
JINAN UNIVERSITY PRESS

中国·广州

图书在版编目（CIP）数据

i学中文．第三册/王衍军，林奕高，张艳总主编；李惠静分册主编．—广州：暨南大学出版社，2024.11

汉语言专业规划系列教材

ISBN 978－7－5668－3865－0

Ⅰ.①i…　Ⅱ.①王…　②林…　③张…　④李…　Ⅲ.①汉语—对外汉语教学—教材　Ⅳ.①H195.4

中国国家版本馆CIP数据核字（2023）第247149号

i学中文（第三册）
i XUE ZHONGWEN（DI-SAN CE）
总 主 编：王衍军　林奕高　张　艳
分册主编：李惠静

………………………………………………………………………………

出 版 人：阳　翼
项目统筹：杜小陆
责任编辑：曾小利
责任校对：刘舜怡　梁安儿
责任印制：周一丹　郑玉婷

出版发行：暨南大学出版社（511434）
电　　话：总编室（8620）31105261
营销部（8620）37331682　37331689
传　　真：（8620）31105289（办公室）　37331684（营销部）
网　　址：http：//www. jnupress. com
排　　版：广州良弓广告有限公司
印　　刷：广州市金骏彩色印务有限公司
开　　本：787mm×1092mm　1/16
印　　张：14.25
字　　数：180千
版　　次：2024年11月第1版
印　　次：2024年11月第1次
定　　价：52.00元

前　言

本套教材是面向非华裔初级中文学习者的综合教材。编者们根据学习对象的特点，结合来华留学生日常生活交际需求，选取反映当代中国社会生活、经济、科技等方面的相关内容，利用融媒体等新技术，以独特的视角向学习者展示了真实的当代中国社会。

本套教材分为六册，共71篇课文，其中第一册15篇，第二、三、四册各12篇，第五、六册各10篇。教材内容从零起点开始，可满足初级到准中级阶段学生中文学习的需要，教师可根据学生水平和课时安排选择相应的册数和课文。整体上看，教材内容难度呈螺旋上升形态，其中，第一、二册侧重HSK一、二级水平，第三、四册侧重HSK三、四级水平，第五、六册侧重HSK五、六级水平。

除了纸质版教材外，我们还制作了配套的数字化教材、课件、语言点讲解视频、录音材料、Quizlet词卡。数字化教材除了呈现纸质版教材的生词、课文及语言点外，还配备了生词和课文的录音、生词的例句或图片讲解，以及与纸质版教材不同的练习题和测试题，为学习者预习与复习提供更丰富的形式和内容，方便学习者更有效地利用碎片化时间进行学习，从而让“课前—课堂—课后”形成更紧密的有机整体。

本套教材突出“新”和“活”的特色。“新”主要体现在两个方面：一是课文内容选材新。如微信、“双十一”、快递、外卖、移动支付等都是与当代中国人生活密切相关的主题。二是练习形式新。如设计了利用智能语音识别完成的题型，以及制作上传至社交账号上的视频作业；在数字化教材上实现听写、配对、组句等多样化的练习题型；在课堂练习部分，围绕教学重点内容提供了一些游戏、比赛、情景扮演类练习，互动性强，能活跃课堂气氛，增强学习的趣味性。“活”主要体现在强调学生对所学内容要活学活用，充分利用学生在中国学习的语言环境，设计实践性、交际性任务，推动学生从课堂走到课外，通过完成相关任务，克服畏惧心理，达到多用中文、敢用中文、会用中文的学习效果。

一、教材使用说明

1. 教学目标

本套教材内容编写以功能为导向，以任务型和交际型为主线，结合现代信息科学技术，通过大量听、说、读、写训练，培养学习者基本的中文交际能力；通过语言实践与互动，培养学习者得体的语言交际能力。

2. 适用对象

本套教材的适用对象为零起点的初级到准中级水平中文学习者。六册教材总学习时长为2年左右，每周学习10～12课时（每课时45～50分钟）。

3. 教材体例

本套教材的体例是：课前热身—生词—课文—语言知识—练习。“课文”从交际需求、感兴趣话题、热点话题角度进行编写。“练习”涵盖生词、语言知识、交际、课堂活动、实践拓展等内容，其中大部分内容可在课上与学生一起完成。还有一些练习需要学生课下进行语言实践，凸显交际性。教师可以根据情况选用各类练习。

4. 教材使用建议

各册教学课时安排：

拼音部分：16～20课时。

第一、二、三册：6～8课时/课。

第四、五、六册：8～10课时/课。

拼音部分建议集中教学。课堂游戏或活动部分，教师可以根据需要进行选择。语音、汉字的教学始终贯穿教材。每册都有一些只要求识记、不要求书写的认读字。遵循循序渐进、由易到难的教学原则。

5. 配套资料说明

本书生词和课文配有录音，音频文件请在暨南大学出版社官网（http://www.jnupress.com）下载专区免费获取。Quizlet词卡，请在Quizlet官网（https://quizlet.com/join/Zmf6k5NtM?i=28qrwz&x=1bqt）"暨南大学i学中文教材"处获取。微课视频，书中标有"教学视频"标志，请扫码查看。

二、特别说明

教材编写人员尊重所有图片、肖像的知识产权。教材中所使用的图片大多来源于"熊猫办公"网站。编写团队已购买"熊猫办公企业VIP至尊版（ID：47206601）"图片下载和使用权限，并获取了每一张图片的版权使用协议。熊猫办公企业VIP至尊版权限明确标注：图片可用于"图书出版：报纸配图、杂志封面及配图、图书封面及配图"，编写团队也保证所下载图片仅用于本套教材及其配套资源的出版和教学，不作他用。

教材中有一些照片由我们的同事及留学生等出镜拍摄并友情提供，均授权我们在教材中使用，对此表示衷心的谢意。此外，本套教材中还有极少量的图片我们未能及时联络上作者，在此也希望图片作者联络我们，以便及时支付相应图片稿酬。

在编写过程中，我们也参考了其他教材、词典等书籍以及网络资料，我们尊重各位作者的知识产权，在此也表示真诚的感谢。

教材录音团队是普通话一级甲等的资深播音员陆圆圆和何浩源，他们有着丰富的宣传片、纪录片、广告片等的录音经验和主持经验。

教材封面图片来源于雕塑家廖慧兰女士为暨南大学华文学院特别创作的雕塑作品《五洲学子》，现竖立于暨南大学华文学院南门。廖慧兰教授的女儿、资深艺术媒体人及策展人曹丹给予了支持。对此我们表示感谢。

教材编写是一项极其复杂、艰巨的任务。本套教材的编者都为富有教学经验的一线中文教师，团队群策群力，收集整理了众多资料，在编写工作中投入了大量的精力和时间。初稿完成后经过多次试用，并根据专家学者、试用教师和学习者的意见进行了反复修改。在此，再次对为本套教材写作、出版等付出辛劳的专家、教师、编辑、学生等表示由衷的感谢！然而，由于编者能力和水平有限，教材难免存在疏漏，恳请各位教材使用者提出宝贵建议，以便在下次修订时进一步完善和提高。

教材编写组

2024 年 3 月

Preface

This set of textbooks is designed for beginner-level learners of Chinese who are not of Chinese descent. According to the characteristics of the learners, combined with the daily communication needs of international students in China, the editors selected relevant content reflecting contemporary Chinese social life, the economy, science and technology, and used new technologies such as multimedia to show the modern side of Chinese society to learners from a unique perspective.

This series consists of six volumes, containing a total of 71 texts: 15 texts in the first volume, 12 texts in each of the second, third, and fourth volumes, and 10 texts in each of the fifth and sixth volumes. The textbook starts at a beginner level with no prior knowledge required and progresses to an intermediate level. Teachers can select texts based on the students' level. The textbook in this series present different levels of difficulty, among which volumes one and two will focus on HSK levels 1 and 2, volumes three and four will focus on HSK levels 3 and 4, and volumes five and six will focus on HSK levels 5 and 6.

In addition to paperback textbooks, digital textbooks, courseware, language guidelines explanation video, recording materials, Quizlet word card have also been created. In addition to presenting new words, texts, and language guidelines of paperback textbooks, digital textbooks are also equipped with audio recordings of new words and texts, explanation of example sentences or pictures of new words and texts, as well as exercises and tests that are different from those in the paperback textbooks, which provide a wider range of options for learners to preview and review content, allowing them to make better use of their study time. So that it may smooth out the process of previewing before the class, learning within the classroom, and reviewing after the class to form an organically cohesive learning experience.

This series of textbooks emphasizes the features of being new and dynamic. The newness is mainly reflected in two aspects: First, the selected topics are new. Such examples include WeChat, "Double Eleven", express delivery, takeout, mobile payment, which are closely related to modern Chinese people's lives. Second, the method of practice is also new. For example, in the exercises, questions were designed to be completed by automatic speech recognition, and video assignments that can then be posted to social accounts. The digital teaching materials also have dedicated sections for dictation, matching, sentence making, and other diversified types of exercises types. The classroom practice, games, competitions, and scenarios around the key contents are provided, and they have been designed to be highly interactive to increase student engagement. The dynamism is mainly reflected in the emphasis that students should learn to use their own methods of learning to make full use of the language environment in which students can learn in China, thus practical and communication tasks have a heavy emphasis on skills that enable students to better put knowledge obtained from class into practice. By completing relevant tasks, students can overcome their fear and achieve the desired learning effect of using Chinese more frequently and boldly, knowing how to use Chinese in their everyday lives.

Instruction for teaching materials

Teaching objective

These textbooks are designed with a focus on function, task-based learning, and communication. These textbooks integrate modern information science and technology, providing extensive practice in listening, speaking, reading, and writing. This approach aims to develop learners' basic communication skills in Chinese, while enhancing their ability to interact in a socially appropriate manner.

Applicable object

This series is designed for beginner with no prior knowledge of Chinese to intermediate learners. The total learning duration for the six volumes is approximately 2 years, with a recommended weekly study load of 10 to 12 class hours (each class hour lasting 45 – 50 minutes).

Textbook structure

The structure of these textbooks is: Warming up, New Words, Text, Language Guidelines, Exercises. The texts are written from the perspective of the needs that arise from communication, topics of interest, and trending topics. Exercises cover new words, language guidelines, communication tasks, classroom activities, practical application tasks, and more. Most of these can be completed in class with students. In particular, there are some exercises that require students to carry out language practice after class to highlight the communicative nature. Teachers can choose various exercises according to the situation.

Suggestions for use

Schedule of teaching hours for each volume：

The Pinyin part：16 – 20 class hours.

Books 1，2，and 3：6 – 8 hours per lesson.

Books 4，5，and 6：8 – 10 hours per lesson.

The Pinyin section should be taught intensively. Classroom games and activities can be chosen by the teacher according to their needs. The teaching of pronunciation and Chinese characters is embedded throughout the textbook. Each volume has a number of characters that are only required to be memorized，not written. The teachers should follow the principle of gradual progression from easy to difficult.

Description of Supporting Materials

This book includes audio recordings for new words and texts，which can be downloaded for free from the Jinan University Press official website (http：//www.jnupress.com) in the download section. Quizlet flashcards can be accessed on the Quizlet website at https：//quizlet.com/join/Zmf6k5NtM？i = 28qrwz&x = 1bqt under "Jinan University iLearn Chinese Textbook". Micro-lesson videos，marked with the "Teaching Video" symbol in the book，can be viewed by scanning the chain code.

Special Note

We would like to stress that our textbook compilation team respects the copyright of pictures and portraits，and the sources of the textbook materials are indicated where applicable. Most of the pictures used in the textbook were downloaded from the website "Panda Office". The compilation team has purchased the "Panda Office Enterprise VIP Supreme Edition (ID: 47206601)" and has fair use policy for use of its pictures stipulated in the user agreement section after purchase. "Panda Office Enterprise VIP Supreme Edition" clearly indicates the permission that pictures can be used for "book publication: newspaper illustrations, magazine covers and illustrations, book covers and illustrations". Our team also guarantees that the downloaded pictures will only be used for the publication and teaching of books and textbook companion resources (digital and paperback), and will not be used for other purposes.

Some photos in the textbook were taken by our colleagues and international students, who have kindly granted us permission to use these images in the textbook, for which we express our heartfelt gratitude. In addition, there are a small number of images in the textbook for which we were unable to contact the authors in time. We kindly request that the image authors reach out to us so that we can arrange payment for the corresponding image royalties.

In the process of writing this textbook, reference to other textbooks, dictionaries and other books as well as online materials was made. We respect the intellectual property rights of all authors and hereby express our sincere thanks.

The textbook recording team consists of senior announcers for first-level Mandarin proficiency, namely Lu Yuanyuan and He Haoyuan. They possess extensive experience in recording promotional videos, documentaries, commercials, and have experience in hosting as well.

On the textbook cover is a photo of the sculpture *Students from All*

Corners of the World, which stands at the south gate of the College of Chinese Language and Culture, Jinan University. As a special gift for the college, it was designed and created by Liao Huilan, a renowned sculptor in China. Heartfelt thanks go to Prof. Liao's daughter Cao Dan, a senior art journalist and exhibition curator, for her efforts in granting copyright authorization.

The compilation of textbooks is an extremely complex and arduous task. The editors are all front-line Chinese teachers with diverse teaching experiences, who gathered and sorted out the materials, and invested a lot of energy and time in the compilation of the collected work. After the submission of the first draft, the textbooks have undergone multiple revisions in rounds of trials, with the opinions of experts and scholars taken into consideration. Once again, we expressed our heartfelt thanks to the experts, teachers, editors, and students who have worked hard on the writing and publication of this book. However, due to the limited ability and skills of the editors, there were inevitable situations that omissions in the teaching materials occurred, and we sincerely hope that all the users of the textbooks can provide valuable suggestions for further improvement in the next revision.

The Compilation Team of the Textbook

Mar., 2024

人物简介

Character Introduction

林一 Lín Yī
性别：男
国籍：中国

王乐乐 Wáng Lèle
性别：女
国籍：中国

阿里 Ālǐ
性别：男
国籍：美国

米亚 Mǐyà
性别：女
国籍：法国

米娜 Mǐnà
性别：女
国籍：埃及

艾文 Àiwén
性别：男
国籍：德国

安娜 Ānnà
性别：女
国籍：英国

中文词类简称表

Abbreviations of Word Classes

1	名词	míngcí	名	noun
2	代词	dàicí	代	pronoun
3	动词	dòngcí	动	verb
	离合词	líhécí		separable verb
4	形容词	xíngróngcí	形	adjective
5	数词	shùcí	数	numeral
6	量词	liàngcí	量	measure word
	数量词	shùliàngcí	数量	numeral-classifier compound
7	副词	fùcí	副	adverb
8	介词	jiècí	介	preposition
9	连词	liáncí	连	conjunction
10	助词	zhùcí	助	particle
	动态助词	dòngtài zhùcí		aspect particle
	结构助词	jiégòu zhùcí		structural particle
	语气助词	yǔqì zhùcí		modal particle
11	叹词	tàncí	叹	interjection
12	象声词	xiàngshēngcí	象	onomatopoeia
13	前缀	qiánzhuì		prefix
14	后缀	hòuzhuì		suffix

目　录

Contents

第一课　我的新朋友

My new friends

课前热身 Warming up

你有新朋友吗？他们都是哪国人？介绍一下。Do you have new friends? Where are they from? Introduce them to your class.

生词 New words

1	开学	kāixué	动	to start school
2	眼睛	yǎnjing	名	eye
3	黄	huáng	形	yellow; blond (hair)
4	个子	gèzi	名	height
5	差不多	chàbuduō	形/副	close; almost

6	长	zhǎng	动	to grow
7	帅	shuài	形	handsome
8	像	xiàng	动	to be like
9	模特	mótè	名	model
10	戴	dài	动	to wear
11	眼镜	yǎnjìng	名	glasses
12	开玩笑	kāi wánxiào		to play a joke
13	幽默	yōumò	形	humorous
14	来自	láizì	动	to come from; to be from
15	毕业	bìyè	动	to graduate
16	感觉	gǎnjué	动	to feel
17	愉快	yúkuài	形	happy; joyful; cheerful
18	发展	fāzhǎn	动	to develop
19	机会	jīhuì	名	opportunity
20	将来	jiānglái	名	future
21	当	dāng	动	to work as; to serve as; to be
22	中医	zhōngyī	名	Chinese medicine
23	专业	zhuānyè	名	major
24	样子	yàngzi	名	appearance; looking
25	大夫	dàifu	名	doctor
26	为了	wèile	介	for, for the sake of
27	了解	liǎojiě	动	to know something very well
28	文化	wénhuà	名	culture

29	外贸*	wàimào	名	foreign trade
30	公司	gōngsī	名	company
31	生意	shēngyi	名	trade，business

课文 Text

课文① Text 1

开学了，我又交了几个新朋友。艾文是德国人，蓝蓝的眼睛，黄黄的头发，高高的个子，差不多一米九，长得很帅，像个模特。阿里是美国人，他戴眼镜，常常跟大家开玩笑，非常幽默，我们都很喜欢跟他聊天。米娜来自埃及，她今年 20 岁，没有我大，大学也还没有毕业，她只在这里学习一个学期。我们都喜欢运动，所以我们打算有时间就一起去操场跑步。我和朋友们每天一起学习，下课后一起去吃饭、一起出去玩儿，感觉每天都过得很愉快。

课文② Text 2

安娜： 你们为什么来中国学习中文？

艾文： 因为这几年中国发展得很快，有很多机会，所以我想学好中文，将来可以在中国工作。

安娜： 你长得这么帅，以后可以在中国当模特。

阿里： 我想学中医，所以打算先考 HSK4，然后去学习中医专业。

安娜： 听你这么说，感觉你戴眼镜的样子真像大夫。

说明：加＊的词语不要求掌握书写。

Note：Competence in writing words marked with asterisks is not required.

阿里：是吗？哈哈。

米娜：我觉得中国传统文化很有意思，为了多了解一些中国的文化，我来这里学习中文。

安娜：我很喜欢中国的茶文化，下次咱们一起去喝茶吧。

米娜：没问题！哎，安娜，你为什么来学中文呢？

安娜：我爸爸有家外贸公司，我学中文是为了帮爸爸跟中国人做生意。

语言知识 Language guidelines

知识1 Tip 1

教学视频

形容词重叠

The reduplication of adjectives

“蓝蓝的眼睛，黄黄的头发，高高的个子”

中文有些形容词可以重叠使用，表示程度深。单音节形容词的重叠形式是“AA（de）”。

Some Chinese adjectives can be reduplicated to indicate the extent of something. The reduplicated form of a monosyllabic adjective is “AA（de）”.

例如：

E. g. ,

（1）今天晚上的风凉凉的，让人觉得很舒服。

（2）蓝蓝的天上有几朵白白的云。

(3) 大象的鼻子长长的，耳朵大大的。

(4) 他轻轻地走进来。

双音节形容词的重叠形式是“AABB”。重叠后第二个音节可以读轻声，如漂漂亮亮、马马虎虎、舒舒服服等。作状语时一般要带“地”。

The reduplicated form of a disyllabic adjective is “AABB”, in which the second syllable may be read in the neutral tone, such as “漂漂亮亮”, “马马虎虎”, “舒舒服服”, etc. When a reduplicated disyllabic adjective functions as an adverbial, it is always followed by “地”.

例如：

E. g. ,

(5) 你就坐在这里舒舒服服地休息一会儿吧。

(6) 听了老师的话，他高高兴兴地回家了。

(7) 她今天穿得漂漂亮亮的。

知识❷ Tip 2

“差不多”

“差不多一米九”

1. 形容词。表示比较以后结果相近，差别不大。

When “差不多” is used as an adjective, it indicates that something is very similar to something else.

例如：

E. g. ,

(1) 他们两个的中文水平差不多。

(2) 他们两个的 年龄(niánlíng) 差不多。

(3) 她们两个的个子差不多。

2. 副词。用在动词前，表示接近某种结果、几乎。

When it is used as an adverb, it refers to "nearly".

例如：

E. g. ,

(4) 同学们差不多都来了。

(5) 这本书我们差不多学完了。

(6) 我来中国差不多有一个月了。

知识3 Tip 3

"比"字句的否定

The negative form of "比"

"她今年 20 岁，没有我大"

"比"字句的否定形式是"没有"，不是"不比"。

The negative form for "比" is "没有", not "不比".

1. A 比 B + 形容词→B 没有 A + 形容词

A 比 B + adjective→B 没有 A + adjectice

例如：

E. g. ,

(1) A 手机比 B 手机贵。

B 手机没有 A 手机贵。

（2）我觉得西瓜比苹果好吃。

我觉得苹果没有西瓜好吃。

“不比”常用于否定或反驳对方的话。

“不比” is always used to express disagreement or refutation.

例如：

E. g. ,

（3）A：中国菜比你们国家的菜好吃。

B：中国菜不比我们国家的菜好吃。

（4）A：今天比昨天热吧。

B：今天不比昨天热，都是30℃。

2. A 有/没有 B（这么/那么）+形容词

…as…as…/not as…as….

动词“有”表示达到或估量。

The verb“有” can be used to denote“as…as…”.

肯定式：A 有 B +（这么/那么）+形容词

affirmative form：A 有 B +（这么/那么）+ adjective

否定式：A 没有 B +（这么/那么）+形容词

negative form：A 没有 B +（这么/那么）+ adjective

肯定式多用于疑问或者反问；否定式多用于陈述句。

The affirmative form is normally used in questions or rhetorical questions while the negative form is used mostly in declarative sentences.

例如：

E. g. ,

(5) A：你妹妹有你（这么）高吗？

B：她没有我（这么）高。

(6) A：你们国家夏天有广州（这么）热吗？

B：我们国家夏天没有广州（这么）热。

知识 4 Tip 4

“为了”

“为了多了解一些中国的文化，我来这里学习中文。”

“为了”，介词，说明做某事的目的，一般用在句子的前半部分。

“为了”, a preposition, indicating the goal of an action, is always used in the beginning of the sentence.

例如：

E. g. ,

(1) 为了学中文，我来到中国。

(2) 为了健康，你应该多运动运动。

(3) 为了学好太极拳（tàijíquán），他每天很早起床。

有时也可以先说采取的行动，再用“是为了”引出这一行动的目的。

Sometimes the action can be put before the goal by using “是为了”.

例如：

E. g. ,

（4）我来到中国是为了学习中文。

（5）我写这么多遍是为了记住这些生词。

（6）他每天去那家商店是为了跟中国人聊天。

知识5 Tip 5

“为了”和“因为”

“为了”说明做某事的目的。“因为”说明做某事的原因。

“为了” indicates the goal of the action. “因为” indicates the reason of the action.

例如：

E. g. ,

（1）因为这个学校很有名，所以我来这里学习中文。

（2）为了学习中文，我来到这里。

（3）因为明天考试，今天晚上我一定要复习课文。

（4）为了准备明天的考试，今天晚上我必须好好复习。

（5）飞机不能按时起飞是因为天气不好。

（6）我6：00起床是为了早点儿去机场。

练习 Exercises

1. 打字比赛。Typing competition.

手机微信输入生词和句子。

Type the following words and sentences on WeChat on your phone.

眼镜　眼睛　幽默　毕业　踢球　愉快　专业　外贸

他今年 20 岁，比我小 1 岁。

我学中文是为了帮爸爸跟中国人做生意。

2. 选词填空。Choose the right words to fill in the blanks.

个子　长　像　戴　感觉　发展　机会　当　为了　差不多

（1）请再给我一个________，让我再试一次。

（2）毕业以后，我想________一名中医。

（3）同学们________都来了，我们开始上课吧。

（4）他这样做是________记住今天学习的生词。

（5）他差不多有 2 米，是我们班________最高的男生。

（6）她的脸红红的，________苹果一样。

（7）上课的时候要认真听老师说，不要________耳机。

（8）今天只有 10℃吗，我________不太冷。

（9）这些年，中国________得很快，很多外国人来中国做生意。

（10）我的头发________长了，下午去理发店剪短吧。

3. 词语消消乐。Words play.

戴	长得	感觉	中国	了解	很愉快
眼镜	很漂亮	中国文化	~~当~~	来自	~~中医~~

把消掉的词语写下来。Write down the words.

当中医＿＿＿＿＿＿　＿＿＿＿＿＿　＿＿＿＿＿＿

＿＿＿＿＿＿　＿＿＿＿＿＿　＿＿＿＿＿＿

4. 组句。Rearrange the words to form a sentence.

（1）妹妹　她　高　一点儿　比

＿＿＿＿＿＿＿＿＿＿＿＿＿＿＿＿＿＿＿＿

（2）没有　我的　贵　衣服　她的　那么

＿＿＿＿＿＿＿＿＿＿＿＿＿＿＿＿＿＿＿＿

（3）广州　北京　比　多了　冷

＿＿＿＿＿＿＿＿＿＿＿＿＿＿＿＿＿＿＿＿

（4）没有　他的　我的　中文　那么　好

＿＿＿＿＿＿＿＿＿＿＿＿＿＿＿＿＿＿＿＿

（5）红　像　她的脸(liǎn)　苹果　一样

＿＿＿＿＿＿＿＿＿＿＿＿＿＿＿＿＿＿＿＿

（6）是为了　学习中文　我　找工作

＿＿＿＿＿＿＿＿＿＿＿＿＿＿＿＿＿＿＿＿

（7）看你　来这里　我　是为了

＿＿＿＿＿＿＿＿＿＿＿＿＿＿＿＿＿＿＿＿

5. 根据要求写句子。Build sentences according to the requirements.

A. 用形容词重叠写句子。Build sentences with the reduplication of adjectives.

 yīngtao 樱桃 甜甜的。	 níngméng 柠檬 酸酸的。
 (1) ______	 (2) ______
 (3) ______	 (4) ______

（5）________

（6）________

B. 用“比”或者“没有”写句子。Build sentences with “比” or “没有”.

（1）长江长 6397 千米。黄河长 5464 千米。(比)

____

（2）这件衣服 300 块，那件衣服 320 块。(比)

____

（3）我的箱子 30 公斤。他的箱子 28 公斤。(比)

____

（4）大象(xiàng)很大。猴(hóu)子很小。(比)

____

（5）E2 班有 23 名学生。E6 班有 26 名学生。(没有)

____

（6）他 8：00 来学校。我 7：50 来学校。(没有)

____

（7）他跑 500 米用 2 分钟。我跑 500 米用 3 分钟。(没有)

____

C. 用“比”或者“有/没有”完成对话。Complete the dialogues with“比” or“有/没有”.

（1）A：你的国家________________？（有）

B：我的国家没有广州这么热。

（2）A：听说课的作业有阅读课的多吗？

B：________________。（没有）

（3）A：________________？（有）

B：我姐姐的中文说得比我更好。

（4）A：你看他跑得真快啊，你跑得有他这么快吗？

B：我是长跑冠军，________________。（比）

6. 比一比，写一写。 Complete the dialogues after making comparison.

	个子	体重	年龄	成绩	打球	游泳
阿里	180cm	70kg	23	80 分	很好	很快
艾文	188cm	83kg	26	89 分	一般	很快

（1）A：________________？（有）

B：阿里没有艾文高。

（2）A：阿里有艾文重吗？

B：________________。（没有）

（3）A：________________？（有）

B：阿里没有艾文大。

（4）A：________________？（有）

B：阿里的成绩没有艾文的那么好。

（5）A：阿里打球有艾文打得好吗？

B：______________________________。（比）

（6）A：阿里游泳游得比艾文快吧？

B：______________________________。（不比）

7. 改错句。Correct the sentences.

（1）我跑得比他很快。

____

（2）我比他不高。

____

（3）他的岁比我大。

____

（4）为了天气不好，我们今天没有出去。

____

（5）我来中国为了学习中文。

____

8. 读一读，判断正误。Read the text and tell whether the following sentences are true or false.

新学期开始了，我来到了新的班级，认识了很多新同学，也交了很多新朋友，感到非常开心。

我们一起学习一起玩儿，还常常一起去吃饭。学校附近有不少饭馆儿，那儿的菜真多呀，有中国菜、韩国菜、日本菜，还有泰国菜、印尼菜。泰国菜最受欢迎，酸酸辣辣的，我们都很喜欢，一个星期最少会吃一次。湖南菜也很好吃，不过就是有点儿油，有的朋友不太习惯。广东菜就清淡多了，白切鸡、清蒸鱼的味道也很不错。不过，吃来吃去，我还是特别想吃妈妈做的菜，世界上没有谁做的菜比她做的更好吃。你觉得呢？

(1) 我在新的班级过得很开心。 ( )

(2) 学校附近有很多饭馆儿。 ( )

(3) 我们都很喜欢吃湖南菜。 ( )

(4) 广东菜有点儿油。 ( )

(5) 我觉得妈妈做的菜最好吃。 ( )

9. 小采访。Interview.

采访你的同学，问一问他们为什么学习汉语？

同学1：

____

____

同学 2：

____

____

同学 3：

____

____

第二课　现在习惯了

I've got used to it now

课前热身 Warming up

说一说你在中国的生活。你最喜欢什么，最不喜欢什么？Please talk about your life in China. What do you like best and what do you dislike most?

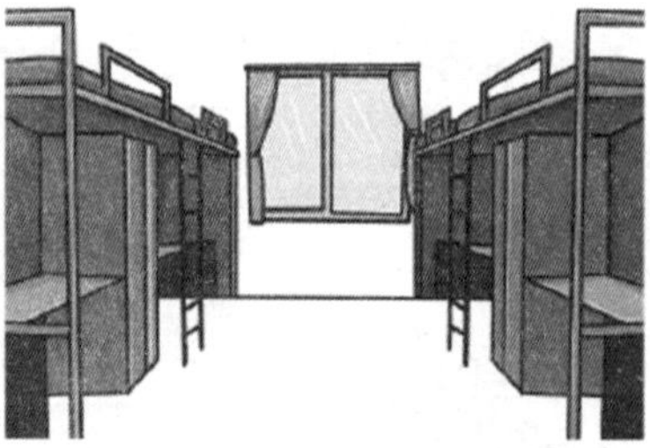

生词 New words

1	习惯	xíguàn	动	to get used to
2	黑眼圈	hēi yǎnquān		dark circle
3	最近	zuìjìn	副	recently
4	一直	yìzhí	副	always

5	原因	yuányīn	名	reason
6	也许	yěxǔ	副	maybe
7	国家	guójiā	名	country
8	气候	qìhòu	名	climate
9	冬天	dōngtiān	名	winter
10	硬	yìng	形	hard
11	失眠	shīmián	动	to suffer from insomnia
12	生活	shēnghuó	名/动	life；live
13	只是	zhǐshì	连	only；but；it's just
14	潮湿	cháoshī	形	humid，wet
15	有的	yǒude	代	some
16	油腻	yóunì	形	oily
17	去年	qùnián	名	last year
18	新鲜	xīnxiān	形	fresh
19	感兴趣	gǎn xìngqù		to have interests
20	出去	chūqù	动	to go out
21	完全	wánquán	副	totally，entirely

课文 Text

课文❶ Text 1

阿里：你怎么有黑眼圈了？

米娜：最近一直都睡得不太好。

阿里：是什么原因呢？是因为天气太冷了吗？

米娜：也许吧。我们国家的气候跟广州不一样，没有冬天，这里的冬天太冷了，宿舍的床也很硬，所以最近常失眠。你呢？

阿里：这里的生活我已经差不多习惯了，只是觉得气候有点儿潮湿。你还有什么不习惯的吗？

米娜：我觉得中国菜有的很辣，有的很油腻，我也不习惯。

阿里：有很多好吃的中国菜，有时间我带你去尝尝。

米娜：太好了，谢谢。

阿里：不客气。时间长了，你就会习惯这里的生活了。

课文❷ Text 2

米亚：艾文，你怎么了？身体不舒服吗？

艾文：没有，我只是想家了。去年刚来广州的时候，我觉得什么都很新鲜。

米亚：我刚来的时候，也跟你一样，对什么都很感兴趣。

艾文：可是，最近我常想家，对学中文也不感兴趣了。

米亚：我觉得你可以多给家人打电话，也要多认识新朋友，一起学习，一起出去玩儿，时间长了就好了。

艾文：你也这样吗？

米亚：是啊，你看，我现在已经完全习惯了。

语言知识 Language guidelines

知识1 Tip 1

"有的……有的……"

"我觉得中国菜有的很咸，有的很油腻。"

代词"有的"作定语时，常指它所修饰的名词的一部分，可以单用，也可以两三个连用。

When the pronoun "有的" functions as an attribute, it is often used to refer to certain parts of the thing it modifies. It can stand alone or be used twice or triply in a sentence.

例如：

E. g. ,

（1）下课的时候，同学们有的听音乐，有的看书。

（2）这家饭店的菜，有的太辣，有的太咸。

知识2 Tip 2

"只是"

"没有，我只是想家了。"

"只是"有轻微转折意义，常常用于后一分句。

"只是", an adversative conjunction, is usually used in the latter clause.

例如：

E. g. ,

（1）我们的宿舍很好，只是有点儿小。

（2）中文很有意思，只是有点儿难。

（3）今天的菜很好吃，只是有点儿辣。

（4）跑步对身体很好，只是我工作太忙，没有时间跑步。

知识3 Tip 3

“什么”

“我觉得什么都很新鲜。”

疑问代词“什么”表示任指时，意思是任何东西，句中常常用“都”或“也”与之呼应。

When the interrogative pronoun “什么” is used to refer to a thing, no matter what, the pronoun is usually followed by “都” or “也”.

例如：

E. g. ,

（1）你想吃什么都可以。

（2）你什么时间来找我都可以。

（3）他什么也没说。

除了“什么”，其他疑问代词也有同样的用法，例如：谁 = 任何人；怎么 = 任何方式或方法；哪儿 = 任何地方；什么时候 = 任何时间，等等。句中常用副词“也”“都”与之呼应。

Besides “什么”, some other interrogative pronouns can be used likewise: “谁” means “whoever”, “怎么” means “however”, “哪儿” means “wherever”, “什么时候” means “whenever”, etc. In this case, they are often used with “也” or “都”.

例如：

E. g. ,

(4) 这件事情谁都知道。

(5) 怎么去都可以，我听你们的。

(6) 今天天气不好，我哪儿也不想去。

(7) 什么时候去看电影都行。

(8) 你什么时候来都好。

也可以用两个同样的疑问代词在句中前后呼应，指同一个人、同一个事物、同一时间、同一地点、同一种方式等。

An interrogative pronoun can be repeated in a sentence to refer to the same person，thing，time，place or manner.

例如：

E. g. ,

(9) 这本书，谁想要就给谁。

(10) 你喜欢什么就买什么。

(11) 哪家店好吃我们就去哪家店。

(12) 你什么时候有空儿，我们就什么时候去。

(13) 哪儿好玩儿我们就去哪儿玩儿。

(14) 你想怎么做就怎么做。

知识4 Tip 4

A 跟 B 一样

“我刚来的时候，也跟你一样，对什么都很感兴趣。”

“A 跟 B 一样”用于表示两个人或事物在某方面的性质相同。

“A 跟 B 一样” is used to indicate the similarity between two things or individuals in certain aspects.

例如：

E. g. ,

A	B
¥200000	¥200000

jiàgé

（1）A 车的价格跟 B 车的一样。

（2）A 车跟 B 车一样贵。

“A 跟 B 一样”中，如果 A 和 B 的中心语都是名词性短语，且相同，B 后的中心语通常省略。

In this structure, if the central words of A and B share the same nominal phrases, the one after B is usually omitted.

例如：

E. g. ,

(3) 我的成绩跟他的（成绩）一样。

(4) 我们国家的天气跟广州的（天气）一样。

否定形式：A 跟 B 不一样

negative form：A 跟 B 不一样

例如：

E. g. ,

(5) A 车的颜色跟 B 车的不一样。

(6) 我的专业跟他的不一样。

疑问形式：A 跟 B 一样吗？/一样不一样？

question form：A 跟 B 一样吗？/一样不一样？

例如：

E. g. ,

(7) A 车的价格跟 B 车的一样吗？

(8) A 车的价格跟 B 车的一样不一样？

“跟”可以替换成“和”，即“和……（不）一样”。

“跟” can be replaced by “和”, that is “和……（不）一样”.

例如：

E. g. ,

（9）我和他一样忙。

（10）我的成绩和他的一样。

练习 Exercises

1. 说一说你知道哪些中国文化，你对哪些中国文化感兴趣？What do you know about the Chinese culture? Which part of it intrigues you most?

 jīngjù 京剧	 shūfǎ 书法
 wǔshù 武术	 cháyì 茶艺

 zhōngyī 中医	 Zhōngguó gǔdiǎn yīnyuè 中国　古典　音乐

2. 词语消消乐。 Words play.

习惯	气候	差不多	感
兴趣	一直	失眠	很油腻
觉得	菜	有	睡觉
完全	潮湿	生活	很新鲜

把消掉的词语写下来。Write down the words.

感兴趣

3. 选词填空。Choose the right words to fill in the blanks.

一直　原因　生活　刚　国家　新鲜　潮湿　完全　硬　失眠

（1）最近天气不好，经常下雨，房间里很＿＿＿＿＿。

（2）不好意思，我＿＿＿＿＿来，不知道你说了什么。

（3）我昨天晚上＿＿＿＿＿在宿舍，没去别的地方。

（4）他失眠的＿＿＿＿＿是不习惯这里的气候。

（5）你怎么有黑眼圈了，是不是＿＿＿＿＿了？

（6）不好意思，你说的话我＿＿＿＿＿听不懂。

（7）爸爸妈妈，我在中国很好，已经习惯了这里的＿＿＿＿＿，别担心。

（8）奶奶说，小孩子要睡＿＿＿＿＿一点的床，对身体好。

（9）这是我第一次来中国，觉得什么都很＿＿＿＿＿。

（10）你们＿＿＿＿＿离中国远吗？

4. 完成句子。Complete the sentences with the given words.

（1）我不是病了，＿＿＿＿＿＿＿＿＿＿＿＿＿＿＿＿。（只是）

（2）我很想去，＿＿＿＿＿＿＿＿＿＿＿＿＿＿＿＿。（只是）

（3）我来中国 1 个多月了，＿＿＿＿＿＿＿＿＿＿＿＿＿＿＿＿。（习惯）

（4）我看了天气预报，＿＿＿＿＿＿＿＿＿＿＿＿＿＿＿＿。（也许）

（5）你知道＿＿＿＿＿＿＿＿＿＿＿＿＿＿＿＿吗？（原因）

（6）不来上课，也不请假，＿＿＿＿＿＿＿＿＿＿＿＿＿＿＿＿。（这样）

（7）她每天上课预习、下课复习，＿＿＿＿＿＿＿＿＿＿＿＿＿＿＿＿。（这样）

（8）A：我想去学中国书法，你要不要一起？

B：＿＿＿＿＿＿＿＿＿＿＿＿＿＿＿＿。（兴趣）

（9）A：你觉得中国菜好吃吗？

B：________________________________。（有的）

5. 用“跟……（不）一样”写句子。 Build sentences with **“跟……（不）一样”**.

（1）他1米8，他的弟弟1米8。

____

（2）我喜欢蓝色，他喜欢黄色。

____

（3）米亚喜欢跑步，阿里喜欢打球。

____

（4）姐姐的头发很长，妹妹的头发不太长。

____

（5）我们国家很冷，广州不冷。

____

（6）这件衣服500块，那件衣服200块。

____

6. 组句。 Rearrange the words to form a sentence.

（1）跑得　他　跟　我　一样快

____

（2）考得　一样　他　跟我　好

____

（3）妈妈　一样　她跟　漂亮

____

（4）喜欢　吃中国菜　跟他　我　一样

____

（5）这件衣服　那件　跟　大　不一样

____

（6）什么时候　都可以　你　来我家

____

（7）谁　去　有时间　就　谁

____

7. 根据提示完成句子。Complete the sentences with the given phrases.

（1）A：下午不上课，你想做什么？

B：______________________________。（……什么都……）

（2）A：他告诉你原因了吗？

B：______________________________。（……什么也……）

（3）A：我可以进去看一下吗？

B：不好意思，______________________________。（……谁都……）

（4）我刚来广州一个星期，______________________________。（……哪儿都……）

（5）A：你想去哪家店买衣服？

B：______________________________。（哪……哪……）

（6）A：这次唱歌比赛谁去好？

B：______________________________。（谁……谁……）

（7）A：我们什么时候去看电影？

B：____________________。（什么时候……什么时候……）

8. 小调查。Survey.

调查同学的爱好，然后比较你们有什么一样的爱好、有什么不一样的爱好，用“跟……一样”说一说。

	爱好 1	爱好 2	爱好 3
同学 1			
同学 2			

9. 给朋友的信。Write a letter to your friend.

你的朋友想来中国学习中文，请你给他写一封信，介绍一下中国的气候、你在这里的生活等。

____

____

____

____

____

____

第三课　叫外卖

To order take-out

课前热身 Warming up

说一说他们在做什么？What are they doing?

生词 New words

1	外卖	wàimài	名	food delivery
2	快餐	kuàicān	名	fast food
3	套餐	tàocān	名	set meal
4	暂时	zànshí	形	for a while, for the time being
5	停止	tíngzhǐ	动	to stop

6	销售	xiāoshòu	动	to sell
7	改	gǎi	动	to change；to fix
8	成	chéng	动	to become；to turn into
9	微	wēi	形	tiny；a little bit
10	饮料	yǐnliào	名	beverage
11	奶茶	nǎichá	名	milk tea
12	果汁	guǒzhī	名	fruit juice
13	马上	mǎshàng	副	immediately
14	耐心	nàixīn	名/形	patience；patient
15	种	zhǒng	量	kind
16	方法	fāngfǎ	名	manner；way
17	告诉	gàosu	动	to tell
18	光	guāng	副	only；alone
19	例如	lìrú	动	to give an example
20	食物	shíwù	名	food
21	图片	túpiàn	名	picture
22	直接	zhíjiē	形	direct
23	电脑	diànnǎo	名	computer
24	除了……以外	chúle……yǐwài		except，besides
25	打包	dǎbāo	动	to pack

专名 Proper nouns

1	美团	Měi tuán	a food delivery App
2	饿了么	È le me	a food delivery App

课文 Text

课文 1 Text 1

服务员：你好，美味快餐。

阿里：你好，我想订两个 A 套餐、一个 B 套餐。

服务员：不好意思，B 套餐暂时停止销售了。

阿里：那我改成两个 A 套餐、一个 C 套餐吧。

服务员：好的，A 套餐您要辣的还是不辣的？

阿里：都要微辣的。

服务员：C 套餐的饮料您选可乐还是奶茶？

阿里：这两个我都不喜欢，可以要果汁吗？

服务员：可以的，但是您需要加 1 块钱。

阿里：行，没问题。一共多少钱？

服务员：一共 65 块。您需要什么时候送到？

阿里：12 点以前吧。

服务员：行，我们马上给您送。需要三十分钟左右，请您耐心等一下。

阿里：好的，谢谢！

课文 2 Text 2

天气不好或者不想出去吃饭的时候，我常常叫外卖。叫外卖有几种方法：第一，电话订餐。打电话给饭店，告诉他们你要点什么，他们就会给你送。第二，用手机上的 App 订餐。我的手机上光送外卖的 App 就有五六个，例如美团、饿了么什么的。这上面不但可以看到食物的图片，而且可以直接用手机支付，非常方便。第三，用电脑订餐，方法跟手机订餐差不多，但我很少用。除了这三种以外，还有一种最快最好的方法，就是给我的朋友打电话或者发微信，请他帮我打包。

语言知识 Language guidelines

知识1 Tip 1

结果补语$_2$：动词＋成

Complements of result$_2$：verb＋成

“那我改成两个 A 套餐、一个 C 套餐吧。”

动词“成”放在动词的后面，表示动作使一种事物成为另一种事物，变化的结果可以是好的，也可以是不好的。

When “成” is used after a verb，it means that the action that the verb represents transforms one thing to another，and the change can be either good or bad.

例如：

E. g. ,

（1）“午饭”我写成“牛饭”了。

（2）“duō”我常常读成“dōu”。

（3）那个男生我看成女生了。

（4）牛奶变成酸奶了。

（5）她长成个大姑娘(gūniang)了。

知识❷ Tip 2

“光”

“我的手机上光送外卖的 App 就有五六个。”

光 + 名词 + 就 + 数词 + 量词

光 + noun + 就 + numeral + measure word

在这结构中，副词“光”用在名词前，意思是在某个范围内达到了很多数量。

In this structure, the adverb “光” is used in front of a noun, indicating a large quantity of a certain thing.

例如：

E. g. ,

(1) 我们家有很多书，光中文书就有五十多本呢。

(2) 我太饿了，光包子就吃了五个。

(3) 我们学校有很多泰国留学生，光我们班就有五个。

光 + 动词/形容词

光 + verb/adjective

“光”用在动词前边，意思是除了某一件事以外，不做别的。

“光” is used before a verb to suggest that the subject does nothing else except for the action that is mentioned.

例如：

E. g. ,

(4) 我们光谈学习，不谈别的事情。

(5) 他光笑不说话。

(6) 没有人喜欢光说不做的人。

"光"用在形容词前边，意思是除了某一性质，没有别的。

"光" is used to suggest that the subject features nothing else except for the quality that is mentioned.

例如：

E. g. ,

(7) 衣服光便宜不行，质量一定要好。

(8) 学习中文光努力不行，还得用好方法。

知识3 Tip 3

"不但……而且……"

"这上面不但可以看到食物的图片，而且可以直接用手机支付。"

"不但……而且……"连接两个分句，表示递进。

"不但……而且……" connects the two clauses, adding emphasis and intensity to the second idea or description.

例如：

E. g. ,

(1) 我不但会唱中文歌，而且唱得很好听。

(2) 广州不但常常下雨，而且下得很大。

(3) 她不但很漂亮，而且很聪明。

当两个分句的主语一样时，“不但”要用在第一个分句的主语之后。两个分句主语不一样时，“不但”用在第一个分句主语之前。

If the two clauses share the same subject, “不但” is used after the subject of the first clause. If there are different subjects, “不但” is used before the subject of the first clause.

例如：

E. g. ,

（4）我不但会唱中文歌，而且唱得很好听。

（5）不但我会唱中文歌，而且他也会唱中文歌。

（6）广州不但常常下雨，而且下得很大。

（7）不但广州常常下雨，而且我的家乡（jiāxiāng）也常常下雨。

知识 4 Tip 4

“除了……以外”

“除了这三种以外，还有一种最快最好的方法。”

“除了……以外，还/也……”表示在什么之外，还有别的。

“除了……以外，还/也……” means “in addition to” or “besides”.

例如：

E. g. ,

（1）除了听说课以外，我还学习阅读课。

（2）除了咖啡以外，我还喜欢喝茶。

(3) 除了中国菜以外，我也喜欢吃泰国菜。

"除了……以外，都……"表示排除，所说的不包括在内。

"除了……以外，都……" means "except" or "not including".

例如：

E. g. ,

(4) 除了老师以外，我们都是外国人。

(5) 除了他以外，我们都喜欢打篮球。

(6) 除了榴莲(liúlián)以外，别的水果我都喜欢。

练习 Exercises

1. 词语认读。Read the following words.

打开微信的语音识别输入系统，读一读，看看你的手机能识别出多少词语。

We voice typing on WeChat to enter the following words and see how many of them can be identified.

美味　　套餐　　果汁　　等待　　告诉　　食物　　种

2. 组词。Build words with the given characters.

例：中 ___中国___ ___中间___ ___中午___

(1) 餐 ________ ________ ________

(2) 微 ________ ________ ________

（3）果 ____________ ____________ ____________

（4）心 ____________ ____________ ____________

（5）包 ____________ ____________ ____________

3. 选词填空。Choose the right words to fill in the blanks.

暂时　改　微　停止　告诉　马上　耐心　方法　种　直接

（1）我不喜欢穿这____________鞋子，走路不舒服。

（2）我们明天请安娜同学介绍一下学习中文的好____________。

（3）他出去了，____________不在办公室，您晚点儿再打吧。

（4）每次听写以后，她都会____________一下写错的汉字，然后再多写几遍。

（5）我不能吃太辣的，只能吃点儿____________辣的。

（6）你看，天那么黑，____________要下雨了，你快回家吧。

（7）说话的同学太多了，老师只好____________上课。

（8）他下课以后，没有去饭馆儿吃饭，____________回宿舍了。

（9）电影马上就要开始了，请大家再____________等一会儿。

（10）请____________我您的送餐地址和电话。

4. 写句子。Build sentences with the given words.

看关键词，用“但是”或者“不但……而且……”写句子。

（1）①去旅行　　②很忙，没有时间

____

（2）①喜欢吃月饼　　②会做月饼

____

（3）①学习中文　　②跟中国人做生意

（4）①会游泳　　②游得很慢

（5）①用电话订餐　　②用手机 App 订餐

（6）①外卖很方便　　②不太新鲜

（7）①手机　　②电脑

（8）①流（liú）鼻涕（bítì）　　②咳嗽

5. 用给出的词造句。Build sentences with the given words.

（1）眼镜　　读成

（2）午饭　　写成

（3）美元　　换成

（4）小男孩　　长成

（5）光　　中文书

（6）光　　　长裙子

____

（7）光　　　看

____

6. 用括号里的词语回答问题。Answer the questions with the given words.

（1）A：同学们今天都来了吗？

B：______________________________。（除了……以外）

（2）A：来中国以后，你去过哪儿？

B：______________________________。（除了……以外）

（3）A：你的笔多吗？

B：______________________________。（光……就）

（4）A：我逛街不用钱。

B：为什么？

A：______________________________。（光 + verb）

（5）A：他会写汉字吗？

B：__________________________。（不但……而且……）

（6）A：只有你去过北京吗？

B：__________________________。（不但……而且……）

（7）A：好久不见了，来，我介绍一下，这是我的大女儿乐乐。

B：哎呀，以前是个小孩子，现在__________________。（verb + 成）

（8）A：这件衣服有点儿小，有大点儿的吗？

B：有，给您________________________。（verb + 成）

(9) A：说好的十点在这里见面，你怎么还没来？

B：十点？不是四点吗？真不好意思，________________。(verb + 成)

7. 读课文比赛。Reciting competition.

老师将全班同学分为若干组，一组 4 ~ 5 位同学。这几位同学需要合作来读一篇课文，每位同学读几个句子。老师可以给大家几分钟准备时间。比赛时，如果某位同学读错，则从头开始读，用时最少的组获胜。

8. 真情实景。Situational dialogue.

试一试打电话订外卖，录音记录订餐过程，然后写下来。

服务员：________________________________

我：________________________________

服务员：________________________________

我：________________________________

服务员：________________________________

我：________________________________

服务员：________________________________

我：________________

服务员：________________

我：________________

9. 读一读，判断正误。 Read the text and tell whether the following sentences are true or false.

怎样用手机点外卖

先找到手机上的外卖 App，打开后，找一找自己最想吃的东西。选好以后，点击食物后面的“+”，食物就会放在购物车里。打开购物车，食物前面有“-”，后面有“+”，如果你想再要一份，可以点击“+”。如果你又不想要了，要改成别的，可以点击“-”。选好你想要的食物以后，点击手机屏幕右下角的“去结算”。第一次用手机订外卖，需要添加收货地址，也就是你的地址，还有非常重要的一步就是输入你的电话。输入后，点“提交订单”就可以了。点好外卖后，要做的就是在家里等外卖小哥送餐到家啦。

（1）在外卖 App 里，点“+”添加想要的食物。 （ ）

（2）如果要改食物，就点“-”。 （ ）

（3）每次点外卖，都要添加收货地址。 （ ）

（4）添加地址时，可以不添加电话号码。 （ ）

（5）我们点好外卖，外卖小哥会把它送到家。 （ ）

第四课　你喜欢看功夫电影吗

Do you like kung fu movies

课前热身 Warming up

你喜欢看电影吗？你喜欢看什么电影？Do you like watching movies? Which kind of movies do you like best?

生词 New words

1	功夫	gōngfu	名	kung fu
2	迷	mí	名/动	fan; to indulge in, to be crazy about
3	演	yǎn	动	to act, to perform, to play

4	故事	gùshi	名	story
5	情节	qíngjié	名	plot
6	吸引	xīyǐn	动	to attract
7	抽	chōu	动	to find (time)
8	部	bù	量	a measure word for movies
9	上映	shàngyìng	动	to be on
10	正好	zhènghǎo	副	it happens to be, just right
11	主演	zhǔyǎn	动/名	to play a leading role
12	主角	zhǔjué	名	leading actor, protagonist
13	影星	yǐngxīng	名	film star
14	错过	cuòguò	动	to miss
15	订票	dìngpiào		to book the ticket
16	段	duàn	量	a measure word for texts or periods of time
17	水平	shuǐpíng	名	level
18	提高	tígāo	动	to improve
19	课余	kèyú	名	after school
20	喜剧片	xǐjù piàn		comedian film
21	爱情片	àiqíng piàn		romantic film
22	科幻片	kēhuàn piàn		science fiction film
23	不过	búguò	连	but
24	尤其	yóuqí	副	especially
25	武打	wǔdǎ	名	martial art
26	动作	dòngzuò	名	movement, action

27	精彩	jīngcǎi	形	wonderful, splendid
28	人物	rénwù	名	figure, character
29	语言	yǔyán	名	language

专名 Proper nouns

1	成龙	Chéng Lóng	Jackie Chan
2	好莱坞	Hǎoláiwù	Hollywood
3	《我的少女时代》	《Wǒ de Shàonǚ Shídài》	*Our Times*
4	《泰囧》	《Tàijiǒng》	*Lost in Thailand*
5	《宝贝计划》	《Bǎobèi Jìhuà》	*Rob-B-Hood*

课文 Text

课文❶ Text 1

米亚：你喜欢看中国电影吗？

安娜：当然了，我是个电影迷，特别喜欢中国的功夫电影。你呢？

米亚：如果是成龙演的，我也喜欢看，因为他的电影很有意思。

安娜：对，他的电影故事情节特别吸引人。

米亚：咱们抽时间一起去看吧。

安娜：好啊，听说下个周末有一部新电影上映，正好是成龙主演的，女主角是好莱坞影星。

米亚：那一定不能错过。

安娜：行，那我现在订票。

米亚：着什么急？今天是星期一，还早着呢。订票的时候我再联系你。

安娜：好的。

课文2 Text 2

我是今年九月来中国的，到现在已经有一段时间了，中文水平有了很大的提高。学习中文有很多好方法，最近我迷上了看中国电影，课余时间我常常在宿舍通过看电影学习中文。我觉得看电影不但可以练习听力，而且能学到很多生词。喜剧片、爱情片、科幻片、功夫片等我都喜欢看，例如《我的少女时代》《泰囧》《宝贝计划》等，我都看过。不过我最喜欢的是功夫电影，尤其是成龙的电影，武打动作很精彩，人物语言很幽默，他的每部电影我都看了好几遍。

你喜欢看什么电影呢？

语言知识 Language guidelines

知识1 Tip 1

动词/形容词＋什么

Verb/adjective ＋什么

"着什么急？"

句中的"什么"用于反问，常常用在动词或者形容词的后面，表示不满或者不同意对方说的某一句话。

In a rhetorical question, "什么" is used after a verb or an adjective to express the speaker's dissatisfaction or disagreement with what the other person has said.

例如：

E. g. ,

(1) 还有五分钟才上课，着什么急呀！

(2) 上什么课呀，今天星期六。

(3) 说什么话，上课了！

(4) 早什么？现在已经12：00了！

知识 2 Tip 2

“着呢”

“还早着呢”

“着呢”，语气助词，用在形容词或者某些心理动词后，有强化其程度的语气。

“着呢”，a modal particle，is used after an adjective or a psychological verb to imply the intensity.

例如：

E. g. ,

(1) 外面的雨下得大着呢，你还是不要出去了。

(2) 他啊，聪明着呢，就是不好好学习。

(3) 他的爱好多着呢，有爬山、游泳、跑步、打球等。

知识3 Tip 3

"是……的"

"我是今年九月来中国的。"

"是……的"强调发生动作的施事、协同对象、时间、地点、方式、目的等。在肯定句中，"是"可以省略，否定句中不能省略。

"是……的" is used to emphasize the subject, object, time, place, manner, purpose of an action that has already taken place. In an affirmative sentence, "是" can be omitted. While in a negative sentence, it cannot be omitted.

例如：

E. g. ,

我上周末和她走路去北京路逛街。→

（1）（是）我上周末和她走路去北京路逛街的。

（2）我（是）上周末和她走路去北京路逛街的。

（3）我上周末（是）和她走路去北京路逛街的。

（4）我上周末和她（是）走路去北京路逛街的。

（5）我上周末和她走路去北京路（是）去逛街的。

（6）我不是上周末和她走路去北京路逛街的。

（7）我上周末不是和她走路去北京路逛街的。

"是……的"句中的动词如果带宾语，宾语常常放在"的"后边；如果宾语是地方，"的"既可以放在宾语前，也可以放在宾语后。

In the structure of "是……的", if there is an object, it is often placed after "的". If the object is a word denoting a place, "的" can be placed before or after the object.

例如：

E. g. ,

(8) 我在网上买零食。→我（是）在网上买的零食。

(9) 我坐地铁去学校。→我（是）坐地铁去的学校。

我（是）坐地铁去学校的。

知识4 Tip 4

结果补语$_3$：动词 + 上

complements of result$_3$：verb + 上

"最近我迷上了看中国电影。"

"动词 + 上"表示两个或以上的事物接触到一起，如"关上""合上"。

"Verb + 上" refers to the act of moving the parts of something together so that it is not open，such as "关上" and "合上".

例如：

E. g. ,

(1) 请合上书，现在开始考试。

(2) 最后进来的同学请关上门。

"动词 + 上"表示一事物附着在另一事物上。

"Verb + 上" refers to the act of placing one thing on another.

例如：

E. g. ,

（3）请在这里写上你的名字。

（4）外面冷，穿上毛衣（máoyī）吧。

"动词 + 上"表示动作开始并继续下去，强调的是开始，如迷上、喜欢上、看上、爱上。

"Verb + 上" is used to indicate someone begins to do something and falls into a certain state, such as "迷上", "喜欢上", "看上" and "爱上".

例如：

E. g. ,

（5）他爱上了那个女生。

（6）我迷上了学中文。

知识 5 Tip 5

"尤其"

"不过我最喜欢的是功夫电影，尤其是成龙的电影。"

"尤其"表示在整体中或同类中最突出的。后面如果是名词或者名词短语，则需要在"尤其"的后面加"是"；如果是动词短语、形容词等，则"尤其"后面不需要"是"。

"尤其" is used to single out one thing over all others. If it is followed by a noun or a noun phrase, it should be used with "是". If it is followed by a verb phrase or an adjective, it should be used without "是".

例如：

E. g. ,

(1) 我很喜欢吃水果，尤其是西瓜。

(2) 我们班的同学学习都特别努力，尤其是小明。

(3) 每天坐地铁的人都很多，尤其是上下班的时候。

(4) 她对中国文化很感兴趣，尤其喜欢茶文化。

(5) 最近一直很冷，今天尤其冷。

练习 Exercises

1. 听老师读，然后给下列词语排序。 Listen and number the following words.

上映	吸引	错过	尤其	主角	精彩	语言	提高
	①						

段	通过	情节	故事	抽	影星	课余	爱情片
			①				

2. 选词填空。Choose the right words to fill in the blanks.

通过　尤其　吸引　正好　演　错过　联系　故事　段　提高

（1）睡觉以前，妈妈常常会给孩子讲（jiǎng）一个________。

（2）为了________大家来买，这家店的衣服今天一件打 9 折、两件打 6 折。

（3）他________很长时间的努力和准备，找到了一份好工作。

（4）成龙在这部电影里________一个大老板。

（5）我有事儿找你，________你来了。

（6）手机的质量________了，价格当然也会________。

（7）听说昨天的晚会很精彩，真可惜我有事儿不能去，______了。

（8）我在这里已经生活一________时间了，差不多习惯了。

（9）你还常常跟小时候的朋友________吗？

（10）我们班的同学学习都很努力，________是米亚。

3. 完成短文。Fill in the blanks.

我很喜欢看电影，（1）________成龙（2）________的电影，因为他的电影很（3）________。我也喜欢成龙这个演员，他是一个很（4）________的人，也是一个非常努力的人。（5）________看中文电影，我的中文水平有了很大的（6）________。我觉得看电影是（7）________中文最好的方法，还能在电影里学到很多（8）________。除了成龙的功夫片，我也喜欢看（9）________片。你呢？你最喜欢看什么电影？

4. 词语小游戏。Words play.

A. 用“正好”造句。Build sentences with “正好”.

（1）我想买衣服，________________。

（2）老师要求8：30进教室，________________。

（3）这次考试我考得不错，________________。

（4）这个书包100块，________________。

（5）我饿了，________________。

B. 用“尤其是”造句。Build sentences with “尤其是”.

用你的同学造句举例，例如：我们班有很多喜欢运动的学生，尤其是艾文。

（1）________________

（2）________________

（3）________________

C. “猜词王。”Guess the words.

（1）特别喜欢看球赛的人，我们叫________________。

（2）特别喜欢听音乐的人，我们叫________________。

（3）特别喜欢中文的人，我们叫________________。

（4）特别喜欢钱的人，我们叫________________。

5. 照例子写句子。Build sentences according to the examples.

例：别着急。　　　　着什么急？

（1）刚放假，别写作业了。　　　　________________

（2）才八点，太早了，别去睡觉了。　　　　________________

（3）别紧张，你又不是第一次考试。 ______________

（4）别笑，我是很认真的。 ______________

例：他现在很好。 他现在好着呢。

（5）在宿舍休息很舒服。 ______________

（6）外面的雨很大。 ______________

（7）他很聪明，只是学习不努力。 ______________

（8）新款手机很贵，不要买。 ______________

6. 用括号里的词语改写句子，保持句子意思不变。Rewrite the sentences with the given words and retain their original meanings.

（1）我在北京住了几个月。（段）

____

（2）他在这部电影里面是主角。（主演）

____

（3）这家饭店里的桌子都是粉红色的，很多女生都很想来吃饭。（吸引）

____

（4）在这里学习了一年中文，我的中文更好了。（水平……提高）

____

（5）《舌尖上的中国》这部纪录片让我知道了中国有很多好吃的东西。（通过）

____

（6）找一个方便的时间，我们一起去旅行吧。（抽）

____

(7) 来中国以后，我越来越喜欢听中文歌，每天都要听。(迷上)

____

(8) 上次和米娜一起喝过茶以后，我开始每天喝茶，很喜欢。(迷上)

____

7. 改错句。Correct the sentences.

(1) 我是昨天来了中国的。

____

(2) 我是在书店看见了安娜。

____

(3) 昨天我是跟朋友一起去移民局。

____

(4) 她是一个很尤其的女孩儿。

____

(5) 我迷了看中国电影。

____

8. 根据实际情况回答问题。Answer the following questions.

(1) 这是你第一次来中国吗？

____

(2) 你是什么时候来中国的？

____

(3) 你是跟谁一起来的？

____

（4）你是怎么来的？

____

（5）你是来中国做什么的？

____

（6）你已经在中国学习多长时间了？

____

（7）来中国以前，你学过中文吗？

____

（8）你是在哪儿学的？

____

9. 真相大揭秘。Ask and answer questions in turn.

一位学生简单说自己做过的一件事情，其他学生分成若干小组，用“是……的”轮流对该事情的细节进行提问。例如，一位学生说周末逛街了，其他小组可以提问“你是和谁一起逛街的”“你是去哪儿逛街的”“你是怎么去的”“你周末是什么时候出发的”等。问过的问题不再重复，问到最多细节的小组获胜。

10. 最佳电影大调查。Survey：Which movies are the best？

调查一下你身边的中国朋友或者到路上去采访一下中国人，他们最喜欢的电影是哪一部。(最好把你的采访过程拍成视频)

你可能会用到的问题：

你叫什么名字？

你最喜欢哪部电影？

是什么类型（lèixíng）（style）的电影？

谁演的？

电影里有意思的情节？

朋友的名字					
电影的名字					
电影类型					
主演					
电影里有意思的情节					

11. 声临其境。Dub your favorite movies.

利用配音秀 App 为你喜欢的电影配一段属于你自己的电影台词。

“悟空你也真调皮呀！我叫你不要乱扔东西，乱扔东西是不对的。”（《大话西游》）

“萌萌站起来”（《赤壁》）

…………

12. 都是大导演。Make a short film.

全班同学分成若干小组，每一组负责拍一个微型电影，最后发到朋友圈，看哪一组点赞的人数多，哪组就获胜。

第五课　打车软件

Car-hailing Apps

课前热身 Warming up

你用过打车软件吗？你觉得哪个比较好用呢？Have you ever used any taxi Apps? Which one do you recommend?

生词 New words

1	软件	ruǎnjiàn	名	software
2	刚才	gāngcái	名	just now
3	签证	qiānzhèng	名	visa
4	过期	guòqī	动	to exceed the time limit, to expire

5	出入境中心	chūrùjìng zhōngxīn		overseas affairs service center
6	延长	yáncháng	动	to lengthen, to extend
7	出门	chūmén	动	to go out, to leave home
8	地图	dìtú	名	map
9	位置	wèizhì	名	location
10	夸奖	kuājiǎng	动	to praise
11	下单	xiàdān	动	to place an order
12	选择	xuǎnzé	动	to choose
13	车型	chēxíng	名	vehicle model
14	出行	chūxíng	动	to go out
15	方式	fāngshì	名	style
16	马路	mǎlù	名	road
17	只要	zhǐyào	连	only
18	接单	jiē dān		to take the order
19	成功	chénggōng	动	to succeed
20	赶	gǎn	动	to catch up, to rush
21	拼车	pīnchē	动	car pool
22	价格	jiàgé	名	price
23	简便	jiǎnbiàn	形	simple and convenient
24	使用	shǐyòng	动	to use

课文 Text

课文1 Text 1

艾文：阿里，你去哪儿？我们不是还有课吗？

阿里：我跟老师请假了。因为刚才办公室的老师告诉我，我的签证快过期了，现在我要去出入境中心延长签证时间。

艾文：那里比较远，你坐出租车去吧。

阿里：这个时间很难打到车。我用打车软件，不出门就能打到车，还能在手机地图上看到车的位置。

艾文：是吗？你知道的真多！

阿里：谢谢夸奖。你看，司机还有两分钟就到了。

艾文：太棒了，还能知道车什么时候到。

阿里：下单的时候还能选择不同的车型，你也下载一个打车软件吧。

艾文：好啊，下次我也试试。

课文2 Text 2

用App打车，是这几年在中国非常流行的一种新的出行方式。你不用站在马路边等，只要在手机上打开App，输入你要去的地方，下单后，要等司机接单，接单成功后，很快就会有司机过来接你。如果不赶时间，你还可以选择拼车，价格会便宜一些。有些App还有预约服务，到了预约时间，司机就会来接你。这样，你就不用担心打不到车了。支付的时候可以选择支付宝、微信等。这种打车方式非常简便，不但中国年轻人经常使用，而且很多外国朋友也爱上了这种出行方式。

语言知识 Language guidelines

知识❶ Tip 1

反问句

Rhetorical question

"我们不是还有课吗?"

对已知或明显的事实，中文常用反问句来强调肯定或者否定，用来证明某事或反驳别人。反问句的意义和形式正好相反，否定形式强调肯定，肯定形式强调否定。常用的反问句形式有"不是……吗?""没……吗?"，还可以用疑问代词进行反问。

Rhetorical questions in Chinese are used to challenge the listener, raise doubt and emphasize a positive or negative opinion, to which the answers are obvious. Rhetorical questions in the negative form usually anticipate affirmative answers, and vice versa. "不是……吗" and "没……吗" are commonly-used sentence structures. Interrogative pronouns can also be used in this case.

例如:

E. g. ,

(1) 那个人不是班长吗?(那个人是班长。)

(2) 你没吃过中国菜吗?(你应该吃过。)

(3) 你不说，我怎么知道?(我不知道。)

(4) 我天天工作，什么时候休息了?(我没休息。)

(5) 我去啊，谁说我不去?(我要去。)

知识2 Tip 2

结果补语$_4$：动词 + 到

Complements of result$_4$：verb + 到

“这个时间很难打到车。”

“动词 + 到”表示通过动作使事物达到某处，宾语为处所词语或表示某一阶段的词语，如“回到”，“走到”and“来到”。

“Verb + 到”indicates that something affected by the action of the verb reaches a particular state，such as“回到”，“走到”and“来到”. The object may be a noun referring to a place or a certain stage of something.

例如：

E. g. ,

（1）他昨天晚上 10 点才回到家。

（2）他慢慢地走到了教室前面。

“动词 + 到”表示动作持续到某时间，如“学到”“看到”“工作到”等。

“Verb + 到”indicates the action of the verb lasts until a certain time, such as“学到”，“看到”and“工作到”.

例如：

E. g. ,

（3）昨天晚上我们玩儿到 12 点才回家。

（4）你打算在这里住到什么时候？

（5）周末，我常常睡到 10 点才起来。

“动词 + 到” 表示动作达到了目的，如 “看到” “听到” “买到” “找到” “打到”。

“Verb + 到” indicates that the goal of the action has been reached, such as “看到”, “听到”, “买到”, “找到” and “打到”.

例如：

E. g. ,

(6) 我等了好几个小时，才买到足球比赛的票。

(7) 我去了几次，都没有找到王老师。

(8) 他吃到了最想吃的东西。

(9) 你收到我的信息了吗?

否定式：没（有）+ 动词 + 到。

negative form：没（有）+ verb + 到

例如：

E. g. ,

(10) 我没听到你叫我。

(11) 那家店关门了，我没吃到想吃的东西。

(12) 你给我发信息了？我没有收到啊。

知识 3 Tip 3

“只要……就……”

“只要在手机上打开 App，……很快就会有司机过来接你。”

“只要……就……” 连接一个条件复句。“只要” 强调如果满足了某个条件，就会产生一定的结果。

“只要……就……” is used in a conditional complex sentence. It emphasizes that something will happen only on condition that something else happens.

例如：

E. g. ,

(1) 只要明天不下雨，我们就去爬山。

(2) 只要你努力学习，就能学好中文。

(3) 你只要来上课，就可以参加考试。

练习 Exercises

1. 读一读，玩一玩。Words play.

延长	使用
延长时间	使用支付宝
延长签证时间	使用支付宝付钱
去出入境中心延长签证时间	可以使用付宝付钱
我打车去出入境中心延长签证时间	支付时可以使用支付宝付钱

老师可以将全班同学分成五人一组，给出第一个词，请五位同学依次来延长短语。

2. 选词填空。Choose the right words to fill in the blanks.

过期　延长　出门　夸奖　方式　赶　成功　简便　使用　选择

(1) 祝你早日__________!

(2) 他还是个孩子，请注意你的说话__________。

(3) 这个面包已经__________了，不能吃了，快扔了吧。

(4) 她常常对别人__________她的小儿子。

(5) 他起床以后就马上往机场__________。

(6) 微信支付是一种很__________的支付方式。

(7) 现在的手机牌子太多了，我不知道怎么__________。

(8) 如果大家都没有写完，老师可以__________一会儿时间。

(9) 他很早就__________了，晚上还没有回来。

(10) 你知道那台新买的洗衣机怎么__________吗?

3. 用括号里的词语改写句子，保持句子意思不变。Rewrite the sentences with the given words and retain their original meanings.

(1) 他喜欢在家里，不喜欢出去玩儿。(出门)

____

(2) 打开 GPS，就能知道你在哪儿了。(位置)

____

(3) 以前比赛是一天，现在是两天。(延长)

____

(4) 老师说他做得很好。(夸奖)

____

（5）我每天早上都要跑得很快去坐公交车。(赶)

____

（6）买衣服的时候我常常不知道买哪件好。(选择)

____

（7）他太高兴了，因为试了那么多次后，他得到了想要的结果。(成功)

____

4. 看图说话（**动词＋上、动词＋到**）。Build sentences according to the pictures（verb **＋上**，verb **＋到**）.

	他关上了门。 (verb + 上)
	(1) ______________ (verb + 到)

	（2）____________________ （verb + 到）
	（3）____________________ （verb + 到）
	（4）____________________ （verb + 到）
	（5）____________________ （verb + 上）

<table>
<tr><td></td><td>（6）________________
（verb + 上）</td></tr>
</table>

5. 用结果补语填空。 Fill in the blanks with complements of result.

（1）快合________书，开始考试了。

（2）他看________了一辆最新的车，但是还没有钱买。

（3）时间到了，请大家写________名字，将试卷交给老师。

（4）他一直走________了学校门口。

（5）不好意思，我刚才没有听________你在说什么。

（6）一直到1点，我才等________我点的菜。

（7）我要去银行，因为我这儿有一些美元，我去换________人民币。

（8）来中国以后，我迷________了中国功夫。

（9）天气太冷了，快穿________衣服。

（10）这么简单，我怎么没有想________。

6. 组句。 Rearrange the words to form a sentence.

（1）到　找　我　书　那本　了

____

（2）迷　我　上　了　足球　比赛　看

____

(3) 到　我　走　了　前面　教学楼

____

(4) 第6课　我们　学　了　到

____

(5) 周末　睡　我　到　10点　了

____

(6) 赶　往　公司　他　正在

____

(7) 下午　姐姐　我　看　过来　了

____

7. 用括号里的词完成句子。Complete the sentences with the given words.

(1) ____________________，就一定能学好中文。(只要)

(2) 他只要有时间，________________________。(就)

(3) _______________________，我就请你吃饭。(只要)

(4) _________________________，我就很高兴。(只要)

(5) 只要明天天气好，_______________________。(就)

(6) 那本书______________？为什么不拿走？(不是……吗)

(7) 你的本子不在我这儿，昨天_____________？(没……吗)

(8) 昨天去买票的人太多了，我没_______________。(到)

(9) 你回_______________________给我打个电话。(到)

8. 我的智囊。Ask and answer questions.

全班分为两个小组，一个小组来设置问题，另一个小组用“只要……就……”来回答。

例：

(1) 我想得到奖学金（jiǎng jīn），我应该做什么？

(2) 我想得冠军，我应该做什么？

(3) 我想让她当我的女朋友，我应该做什么？

9. 用户体验调查。Survey：Which taxi App do you recommend?

打车软件满意度调查

	______打车	______打车	出租车
价格			
服务			
舒适度			
用时长短			

几位同学为一组，去采访中国人，看看他们最常使用哪种打车软件，然后比较这些打车软件的优缺点。

第六课　我们去唱K吧

Let's go to karaoke

课前热身 Warming up

你喜欢唱歌吗？你知道“唱K”是什么意思吗？Do you like singing? Do you know what “唱K” means?

生词 New words

1	唱K	chàng K		to sing karaoke
2	假期	jiàqī	名	holiday
3	一边……一边	yìbiān……yìbiān		indicating two actions taking place at the same time

4	商量	shāngliang	动	to consult, to discuss
5	搞	gǎo	动	to do, to handle
6	活动	huódòng	名	activity
7	划算	huásuàn	形	economical
8	自助餐*	zìzhùcān	名	buffet
9	口碑	kǒubēi	名	reputation, public praise
10	种类	zhǒnglèi	名	kind
11	丰富	fēngfù	形	rich, plentiful
12	热情	rèqíng	形	warm-hearted, enthusiastic
13	必须	bìxū	副	must
14	同意	tóngyì	动	to agree
15	放松	fàngsōng	动	to relax
16	拼音	pīnyīn	名	spelling
17	查找	cházhǎo	动	to look up, to find
18	歌星	gēxīng	名	singer
19	歌名	gēmíng	名	song title
20	首	shǒu	量	a measure word for songs
21	变成	biànchéng	动	to become
22	原唱	yuánchàng	名	original singer
23	好听	hǎotīng	形	pleasing to the ear
24	过奖	guòjiǎng	动	to flatter
25	歌曲	gēqǔ	名	song
26	奖	jiǎng	名	award, prize

27	声音	shēngyīn	名	voice, sound
28	调	tiáo	动	to adjust, to modify

专名 Proper nouns

1	十一	Shí-Yī	Chinese National Day (October 1)
2	K歌王	K gēwáng	name of a karaoke bar
3	《童话》	《Tónghuà》	*Fairy Tale*

课文 Text

课文1 Text 1

再过几天就是十一假期了，今天中午我和朋友们一边吃饭，一边商量去哪儿玩儿。大家有的想去爬山，有的想去逛街、看电影。我觉得爬山太累了，最近的新电影又都不太好看。我建议大家一起去唱K，"K歌王"现在正好在搞活动，价格很划算，唱3个小时每人才49块，还包自助餐。而且"K歌王"口碑不错，菜的种类丰富，服务员也很热情，不过必须提前一天预约。大家都同意，说唱K不但可以放松一下，还可以学习中文。

课文2 Text 2

老师：我们先点歌吧，你们想唱中文歌还是英文歌？

安娜：我来看看有什么歌。

老师：你可以用拼音查找你喜欢的歌星或者歌名。

安娜：找到了！我先来一首《童话》吧。

（我愿变成童话里……）

老师：唱得真好听，没想到你唱歌这么厉害，比原唱还好听。

安娜：哪里哪里，过奖了！

米亚：你去参加学校的中文歌曲比赛，一定能得奖。

安娜：谢谢。下一首是谁的？

阿里：我的！安娜，声音小了点儿，能不能帮我调大一点儿？

安娜：好的。

语言知识 Language guidelines

知识1 Tip 1

教学视频

“一边……一边……”

“今天中午我和朋友们一边吃饭，一边商量去哪儿玩儿。”

“一边……一边……”用在动词前面，表示两种动作同时进行。两个“一边”中的“一”都可以省略。“一边……一边……”连接的动词必须可以同时进行。

“一边……一边……” is used before verbs to indicate the actions of the verbs are performed at the same time. “一” in “一边……一边……” can be omitted. The actions must be ones that can occur at the same time.

例如：

E. g. ,

（1）我一边听音乐，一边发微信。= 我边听音乐，边发微信。

（2）他们一边吃，一边聊天儿。= 他们边吃边聊。

（3）他常常一边走，一边想问题。

（4）老师一边说，我一边写。

知识 2 Tip 2

"搞"

"'K 歌王'现在正好在搞活动。"

动词"搞"有"办、干、做"等意思。

The verb "搞" means "办（to do, to handle）、干（to do）、做（to do）".

例如：

E. g. ,

（1）你能帮我搞到两张电影票吗？

（2）快去搞点儿吃的来，我都快饿死了。

（3）这次商场里搞活动，买东西很划算，我们去看看吧。

"搞"的意思很丰富，需要通过上下文去理解。

The meaning of "搞" varies in different contexts.

知识 3 Tip 3

才 +（动词）+ 数量词

才 +（**verb**）+ **compound**

"唱 3 个小时每人才 49 块。"

副词"才"用在数量词或者时间的前边，表示数量少或者时间短。

The adverb “才” is used in front of a numeral to indicate a small quantity or a short time.

例如：

E. g. ,

(1) 这件衣服才 50 块钱，我一定要买。

(2) 他才学了一年半，就通过了 HSK6。

(3) 我第一次出国的时候才 3 岁。

(4) 今天生意不太好，一天才卖了 5 件衣服。

(5) 平时都有 20 个学生来上课，今天才来了 10 个人。

知识 4 Tip 4

形容词 + 了（一）点儿

Adjective + 了(一) 点儿

“声音小了点儿。”

“形容词 + 了（一）点儿”指跟某一个标准相比，程度不合适。表示不满意。

The structure “adjective + 了（一）点儿” indicates that something fails to meet a certain standard，implying the speaker’s dissatisfaction.

例如：

E. g. ,

(1) 这双鞋小了点儿，有没有大一点儿的？

(2) 这里的人多了点儿。

(3) 这件衣服贵了点儿。

练习 Exercises

1. 写量词。Fill in the blanks with measure words.

（1）今天他在班里唱了一________歌。

（2）班长打算在班里搞一________活动。

（3）下周有一________新电影上映。

（4）我要在这里住一________时间再回去。

（5）这本书上有很多________花的图片。

（6）我用打车软件打到一________车。

2. 选词填空。Choose the right words to fill in the blanks.

包	划算	商量	搞	活动	丰富	同意	奖	调	放松

（1）空调温度太高了，________低一些吧。

（2）食堂里的菜种类非常________，想吃什么都有。

（3）明天是他的生日，我想________一个生日晚会。

（4）上次他去参加书法比赛，拿了个大________回来。

（5）这么大的事情，你得跟父母________一下，不能自己做决定。

（6）你都工作一个上午了，出去喝点儿咖啡，________一下。

（7）明天我们不上课，学校有________。

（8）只需要 1000 块钱就________三天的酒店费用和餐饮费用，太划算了。

（9）今天这家咖啡店的咖啡买一送一，非常________。

（10）我想去旅游，可是我的妈妈不________。

3. 完成短文。 Fill in the blanks.

又到周末了，我和朋友们（1）________去哪儿玩儿。米亚想去爬山，可是我觉得爬山太（2）________了！米娜想去（3）________、看电影，我查了一下，最近的新电影都不好看。我（4）________大家一起去唱K，"K歌王"正好在搞（5）________，价格很（6）________，唱3个小时每人才49元，还（7）________自助餐。朋友们都（8）____，说唱K（9）________可以（10）________一下，还可以学习中文。

昨天我们班去KTV唱歌，我先唱了一（11）________英文歌，大家都说我唱得真好，比（12）________还好听，我有点儿不好意思，说："哪里哪里，大家（13）________了！"后来，老师说 大家可以（14）________自己喜欢的（15）________或者歌名，一起唱中文歌。班长用（16）________查找到了一首《童话》，刚开始的时候，声音有点儿小，我们帮她（17）________大了一点儿，然后跟她一起唱。我没想到班长唱歌也这么（18）________。老师说我们可以去参加学校的中文歌曲比赛，一定能得（19）________。

4. 组句。 Rearrange the words to form a sentence.

（1）朋友们　我　和　玩儿　去　商量　哪儿

____

（2）可以　唱歌　可以　自己　放松　不但　中文　而且　学习

____

（3）才　看了　我　5本书

____

（4）这么　唱歌　你　厉害　没想到

____

（5）一点儿　调　帮我　请　大

____

（6）衣服　这件　点儿　了　小

____

5. 用"才"改写句子。Rewrite the sentences with "**才**".

（1）这件衣服很便宜，50 块钱。

____

（2）你别生气了，他只是个 5 岁的孩子。

____

（3）刚 6 点，你怎么起床了？

____

（4）他吃了一个面包，太少了。

____

（5）我来中国两个月，时间很短。

____

（6）我们学了 5 课，还有 10 课。

____

6. 给词语找位置。Put the given words in the right places.

（　）（1）这里 A 一共 B 十 C 个人，少了 D 五个人。（才）

（　）（2）A 现在 B 六点，你 C 起床 D 做什么？（才）

（　）（3）A 这么多件衣服 B 一共 C 一百块 D，太便宜了吧。（才）

(　)(4) A 今天 B 星期一，C 周末 D 还早着呢。　　(才)

(　)(5) 这双鞋 A 大 B 一点儿 C，不合适 D。　　(了)

(　)(6) 现在去 A 早 B 一点儿 C，等 D 会儿去吧。　　(了)

(　)(7) 他 A 走 B 了 C 教室的前面 D。　　(到)

(　)(8) 我 A 买 B 了 C 新电影的票。　　(到)

7. 看图，用“一边……一边……”完成短语。 Complete the phrases with “**一边……一边……**” according to the pictures.

一边____一边____

(1)

一边____一边____

(2)

一边____一边____

(3)

一边____一边____

(4)

一边____一边____

(5)

一边____一边____

(6)

8. N 次传递。 Words play.

全班分作 5～6 人的小组，小组组员用“一边……一边……”依次说句子，边说边简单表演动作。句子中两个动作要可以同时进行，不违背逻辑。所说的句子中，后一个句子的第一个动词，必须是前一个句子的第二个动词，以此类推。全部组员进行 2 ~ 3 轮，用时最少的小组获胜。

例如：

E. g. ,

A：我一边看书，一边听音乐。

B：我一边听音乐，一边跳舞（tiàowǔ）。

C：我一边跳舞，一边……

…………

X：我一边……一边洗澡。

Y：我一边洗澡，一边……

9. “说唱”课文。Read the text rhythmically.

老师准备几段节奏性较强的配乐，随机播放，学生分成若干小组，组员根据配乐一个接一个地即兴“说唱”课文，其他学生用手拍节奏，配合说唱的同学。

例如：

E. g. ,

× × × × × | × × × × × × × × | × × × × × ‖

（哟 ~ 哟 ~） 又到周末了，| 我和朋友们商量 | 去哪儿玩儿。‖

…………

× × × | × × × × × × | × × × × × × × ‖

（哟～哟～）“K 歌王” | 正好（在）搞活动，| 团购价很划算。‖

× × × | × × × × × × | × × × × × × ‖

（哟～哟～）3（个）小时 | 每人（才）四十九，| 还包自助餐。‖

…………

待全部学生熟悉了活动规则和配乐节奏后，老师出示挖空的课文（如下），学生看着挖空的文本，即兴填词，同时根据配乐进行“说唱”，每组有 2 分钟的准备时间。“说唱”最有意思的小组获胜。

又到________了，我和朋友们________去________。________想去__________，可是我觉得________！__________想去__________，我__________，最近__________。我建议________，________正好在________，________很划算，________才________，还________。朋友们都________，________不但可以________，还可以________。

10. 你是我的“天籁之音”。 Singing competition.

老师教学生几首简单好学的中文歌曲，发给学生带有拼音和翻译（如有）的歌词，播放歌曲音频或视频，帮助学生理解歌曲意思。学生练熟后，老师播放配乐，学生演唱。

学生中 7～8 人作为评委，背对讲台而坐，其他学生作为歌手，逐一走上讲台演唱刚学的歌曲的部分内容。评委听到自己认为好听的歌声，可将椅子转回正前方，用本课学过的语法句型进行简单点评后，即可将中意的歌手拉入自己的小组。接着，第二个学生上台演唱，直至全部歌手唱完。

评委选完所有歌手后，与自己所选的歌手一起完成刚学的中文歌曲。表演形式不限，可 1 ~2 个学生对唱，其他学生表演情景；也可组员合唱，边唱边跳。表演有趣、歌声好听的小组赢得“天籁之音”荣誉。

11. 歌王真人秀。Let's go singing karaoke!

在有条件的情况下，班级可就近组织一次唱 K 活动，学生自行组队，分成若干小组，每组至少点 4 首中文歌（含课上学过的歌曲），中文歌唱得又多又好的小组成员获得“歌王”荣誉。

活动中可录下学生唱歌的精彩视频。

第七课　喝早茶

To have morning tea

课前热身 Warming up

用手机查一查图片，并写下它们的名称。What dishes are they in the pictures below? Do your research online and write down your answers.

生词 New words

1	俗话	súhuà	名	common saying, old saying
2	超	chāo	副	very, super
3	美食	měishí	名	delicious food
4	美食家	měishíjiā	名	gourmet

5	其实	qíshí	副	in fact，actually
6	点心	diǎnxin	名	dim sum
7	虾饺	xiā jiǎo		har gow
8	肠粉	cháng fěn		steamed vermicelli roll
9	烧麦	shāomài	名	shumai
10	叉烧包	chāshāo bāo		chasiubao
11	谈	tán	动	to talk about，to discuss
12	约	yuē	动	to make an appointment
13	客户	kèhù	名	client
14	人气	rénqì	名	popularity
15	旺	wàng	形	flourishing，prosperous
16	茶楼	chálóu	名	tea house
17	满	mǎn	形	full，filled
18	客人	kèrén	名	guest，visitor
19	壶	hú	名	pot，kettle
20	菊花茶	júhuā chá		chrysanthemum tea
21	半天	bàntiān	名	a long time
22	齐	qí	形	all ready，complete
23	亲戚	qīnqi	名	relatives
24	倒	dào	动	to pour
25	手指	shǒuzhǐ	名	finger
26	轻	qīng	形	light；gentle
27	敲	qiāo	动	to knock
28	桌子	zhuōzi	名	table

29	表示	biǎoshì	动	to show, to express
30	感谢	gǎnxiè	动	to thank

专名 Proper nouns

1	艾丽	Àilì	名	woman's name
2	马丁	Mǎdīng	名	man's name

课文 Text

课文 1 Text 1

艾丽：你以前来过广州，是吗？

马丁：是啊，我已经来过三次了。

艾丽：看来你很喜欢广州。

马丁：是的，俗话说“食在广州”，我超喜欢这里的美食。

艾丽：你真是个美食家！你能给我介绍介绍吗？

马丁：当然。来广州，一定不能错过早茶。你喝过早茶吗？

艾丽：我没喝过。喝早茶，是“早上喝茶”的意思吗？

马丁：喝早茶其实是一边喝茶，一边吃点心。

艾丽：吃什么点心呢？

马丁：很多很多，有虾饺、肠粉、烧麦、叉烧包……

艾丽：听起来真不错，什么时候带我去吃？

马丁：这个星期六我们一起去吧。

课文2 Text 2

我经常来广州谈生意，每次来一定要去喝早茶。这次我约了客户一起去广州人气最旺的茶楼。我们很早就到了，这个时候茶楼门口已经坐满了等位的客人。坐下来以后，我们先点了一壶菊花茶，然后点了几份点心。因为人太多了，我们等了半天，茶和点心才上齐，我们一边吃，一边聊天。因为客户是第一次来，所以我给他介绍了一下早茶文化。例如喝早茶是广州人的传统，亲戚朋友们常常在茶楼喝茶聊天，一坐就是一个上午。还有如果有人给你倒茶，你可以用手指轻轻敲两下桌子表示感谢，这样就不用再说谢谢了。

语言知识 Language guidelines

知识1 Tip 1

"看来"

"看来你很喜欢广州。"

"看来"是插入语，表示依据客观情况估计，可以放在句首，也可以放在主语的后面。

"看来", an explanatory word inserted in a passage, is used to lead to a judgement based on real circumstances. It can be placed at the beginning of the sentence or after the subject.

例如：

E. g. ,

(1) 看来，他今天不会来了。

（2）同学们看来还是不太明白。

（3）还在下雨，看来，明天的比赛不能举行了。

知识2 Tip 2

“其实”

“喝早茶其实是一边喝茶，一边吃点心。”

“其实”表示所说的情况是真的，有对上文做修正或补充的意思。用在谓语前或主语前。

“其实” is used to emphasize a fact or introduce a contradictory opinion. It is used before the predicate or the subject.

例如：

E. g. ,

（1）早茶，其实不是广州才有，中国的很多城市都有。

（2）他说他身体不舒服，其实他只是想在宿舍睡觉。

（3）汉字又多又难，但是其实我们记住2500多个常用的汉字就可以了。

知识3 Tip 3

“就”和“才” 教学视频

“我们很早就到了。”

“我们等了半天，茶和点心才上齐。”

副词“就”和“才”都可以放在动词前面作状语。

The adverbs “就” and “才” can both be used before verbs to

function as adverbials.

“就”表示不久即将发生。

“就” is used to suggest something is about to happen.

例如：

E. g.，

（1）现在8点，我8点半就出发。

（2）你等一下，我们很快就下课。

“才”表示事情在不久前刚刚发生。

“才” is used to suggest something has just happened.

例如：

E. g.，

（3）我才来一会儿，还不想走。

（4）8点半上课，他9点才来。

“就”还表示说话人觉得事情发生得早、快，容易做或进行得顺利。

“就” is also used to suggest that something comes more easily or quickly than expected.

例如：

E. g.，

（5）从广州到香港，坐火车50分钟就到了。

（6）他吃了两片药就好了。

（7）他 8 点就到教室了。

“才”表示说话人觉得事情发生得晚、慢，不容易做或进行得不顺利等。

“才” is used to suggest that something comes harder or more slowly than expected.

例如：

E. g. ,

（8）周末我常常 10 点才起床。

（9）坐公交车要一个多小时才能到，地铁半个小时就到了。

（10）他病得很厉害，在医院住了一个多月才好。

知识 4 Tip 4

一 + 动词 + 就是 + 数量词

“一坐就是一个上午”

“一 + 动词 + 就是 + 数量词”，“就”轻读，动词重读，表示每次做事情都会达到某个数量。指说话人认为数量多。

In “一 + verb + 就是 + compound”, “就” should be pronounced with a neutral tone and the stress falls on the verb. It is used to indicate that someone always does something to an excessive degree in the speaker's opinion.

例如：

E. g. ,

(1) 他看电视一看就是一天。

(2) 他常常出差，一去就是一个月。

(3) 他买衣服一买就是十几件。

练习 Exercises

1. 连一连，组词。 Match the characters to build words.

谈	谢	俗	指
感	示	美	户
表	话	客	话
其	心	手	楼
点	实	茶	食

2. 选词填空。 Choose the right words to fill in the blanks.

约 其实 谈 满 敲 轻 感谢 齐 人气 超

(1) 下课以后，请你来一下老师的办公室，我们________一下。

(2) 在这里，我要________我的朋友们给我的帮助。

(3) 大家都知道他足球踢得好，________他篮球打得也不错。

(4) 这家饭店的饭菜不好吃，所以一直没有什么________。

(5) 进别人的房间以前，一定要先________门。

(6) 不好意思，我已经________了朋友明天去喝早茶。

(7) 箱子里有杯子，你最好________一点儿放。

(8) 在中国，给朋友倒茶时，最好不要倒____，倒酒时，越________越好。

(9) 人都来________了吧！开始上课吧。

(10) 今年的花开得________漂亮，你一定要去看看。

3. 完成短文。Fill in the blanks.

马丁（1）______来过广州三次，他非常喜欢广州。（2）______说“食在广州”，所以他（3）______喜欢广州的美食，可以说他是个（4）______。马丁给艾丽（5）______了广州的早茶，他说来广州，一定不能（6）______广州早茶。“早茶”就是(7）______喝茶，（8）______吃点心。广州的早茶有各种各样的点心，有（9）______、肠粉、叉烧包（10）______，艾丽听了以后说有时间请马丁（11）______她去尝尝，马丁说那就星期六吧，到时候他们（12）______去。

4. 用括号里的词语改写句子，保持句子意思不变。Rewrite the sentences with the given words and retain their original meanings.

(1) 他跟别人说他是英国人，但是他是美国人。（其实）

____

(2) 美食家的意思是特别会吃的人。（其实）

____

(3) 朋友要走了，我送她一束花祝福她。（表示）

____

(4) 我送她一束花，因为我要感谢她。（表示）

____

(5) 他太喜欢看电视了，常常看一天。（一……就是……）

____

（6）他很喜欢说话，一次能说一个小时。（一……就是……）

____

（7）这个时候他还没来，我觉得他不会来了。（看来）

____

5. 选择"就"或"才"完成句子。Complete the sentences with **"就"** or **"才"**.

（1）飞机中午________起飞，你怎么现在________来了？

（2）飞机中午1点________起飞了，你怎么现在________来？

（3）我一般都是晚上10点睡觉，昨天晚上12点________睡。

（4）我一般都是晚上12点睡觉，昨天晚上我10点________睡了。

（5）他今年________2岁，不懂这些的。

（6）今天的作业太容易了，我做了一个小时________做完了。

（7）今天的作业太难了，我做了一个小时________做完。

（8）等了那么长时间________见到你，你去哪儿了？

（9）没想到我们这么快________又见面了，我太高兴了。

6. 组句。Rearrange the words to form a sentence.

（1）喜欢　广州　看来　你　很　美食　的

____

（2）等了　半天　我们　上齐　才　茶和点心

____

（3）约　我　了　一起去　朋友　喝早茶

____

(4) 看 一天 一 就 他 常常 是

____

(5) 半个小时 到了 就 坐地铁

____

(6) 一个小时 到 坐 才 公共汽车

____

7. 给词语找位置。Put the given words in the right places.

( ) (1) 我已经 A 来 B 三次 C 广州 D 了。 (过)

( ) (2) 喝早茶 A 就是 B 一边喝茶 C，一边 D 吃点心。(其实)

( ) (3) A 我们 B 点 C 了 D 一壶菊花茶。 (先)

( ) (4) A 上课 B，C 可以 D 去洗手间。 (以前)

( ) (5) 他 A 早上 B9 点 C 到公司 D。 (才)

( ) (6) A 我们 B 现在 C 出发 D 吧！ (就)

( ) (7) A 前面 B 坐 C 了 D 等位的客人。 (满)

( ) (8) 我们等了 A 十分钟，B 菜就 C 上 D 了。 (齐)

8. 棋逢对手。Sentence-building competition.

老师可以把全班同学分成两组，一组同学用“就”来写句子，另一组同学用“才”来写句子，两组同学都尽可能多写。然后从两组中选择一组开始。比如“就”字组说：我 5 点就起床了。“才”字组要马上说：我 10 点才起床。然后“才”字组说自己的句子：我们 8 点半才来上课。“就”字组来接对应的相反意思的句子。哪一组卡壳或接不下去，则为输。一组有三次机会，坚持到最后的组获胜。

9. 介绍一家你喜欢的广州早茶店或是一款最喜欢吃的点心。

Introduce your favorite tea house in Guangzhou or your favorite dim sum.

第八课　网上购物真方便

Shopping onling is so convenient

课前热身 Warming up

你喜欢网上购物吗？你知道中国有哪些购物网站吗？Do you like shopping online? Do you know any shopping websites in China?

生词 New words

1	网上	wǎng shàng		on the Internet, online
2	购物	gòu wù		to go shopping
3	淘	táo	动	to get, to find
4	网购	wǎnggòu	动	to go shopping online

5	零食	língshí		snack
6	生活用品	shēnghuó yòngpǐn		daily necessity
7	和……相比	hé……xiāngbǐ		compared with
8	实体店	shítǐ diàn		physical store
9	价钱	jiàqián	名	price
10	当天	dàngtiān	名	the same day
11	赶快	gǎnkuài	副	quickly, hurriedly
12	账号	zhànghào	名	account
13	数码	shùmǎ	形	digital
14	产品	chǎnpǐn	名	product
15	看中	kànzhòng	动	to have an eye on sth.
16	耳机	ěrjī	名	headset, headphone
17	犹豫	yóuyù	动	to hesitate
18	官方	guānfāng	形	official
19	旗舰店*	qíjiàn diàn		flagship store
20	赠品	zèngpǐn	名	free gift
21	客服	kèfú	名	customer service
22	保证	bǎozhèng	动	to guarantee, to promise
23	百分之百	bǎi fēn zhī bǎi		a hundred percent, absolutely
24	正品	zhèngpǐn	名	genuine product

25	免费	miǎnfèi	形	free
26	退换	tuìhuàn	动	to return or exchange a purchase
27	之内	zhī nèi		within
28	保修	bǎoxiū	动	to be under guarantee, to come with a warranty
29	放心	fàngxīn	动	to be at ease
30	地	de	助	used after an adjective or phrase to form an adverbial adjunct before the verb
31	满意	mǎnyì	动	to satisfy, to be satisfied
32	五星	wǔxīng	名	five stars
33	好评	hǎopíng	名	positive review

课文 Text

课文1 Text 1

米亚：你这双鞋子真不错，是在商场买的吗？

安娜：不是，是在网上淘来的。

米亚：听说在中国，网上购物很方便。

安娜：是啊，来中国以后，我学得最快的，就是网购。

米亚：你一般买什么东西呢？

安娜：书啊，衣服啊，零食啊，还有生活用品什么的。

米亚：和实体店相比，价钱更便宜吗？

安娜：网上购物比在商店买便宜多了。

米亚：下单以后，什么时候能收到呢？

安娜：一般要三四天，有的快的当天就能给你送来。

米亚：听起来真不错，那我也想学一下网上购物。

安娜：没问题，现在先赶快去申请一个账号，然后我教你。

课文❷ Text 2

我在网上买过很多东西：衣服、鞋子、书、数码产品，等等。前两天我在实体店看中了一款500多块的耳机，我觉得有点儿贵，所以犹豫了很久还是没买。后来我在网上官方旗舰店找到了同款，不但便宜了100多块，而且还有一个小赠品。我很喜欢，但又担心质量问题，问了客服以后，他跟我保证百分之百是正品，三个月之内有质量问题都可以免费退换，一年之内保修。听了他的话，我放心地下单了。第二天我就收到了耳机，跟我在实体店看到的一样，我特别满意，给了那家店五星好评。

语言知识 Language guidelines

知识❶ Tip 1

“和/跟……相比”

“和实体店相比，价钱更便宜吗?”

“和/跟……相比”，这一结构可以用来引出比较的对象。

“和/跟……相比” can be used to make comparison.

例如：

E. g. ,

(1) 和咖啡相比，我更喜欢喝茶。

(2) 跟别的同学相比，他是学得比较快的。

(3) 跟跑步相比，我更喜欢散步。

知识❷ Tip 2

简单趋向补语

Simple directional complement

“有的快的当天就能给你送来”

动词“来”和“去”用在一些动词后作补语表示动作趋向，这种补语就是简单趋向补语。表示动作向着说话人或所谈及事物的方向时用“来”；表示动作背着说话人或所谈及事物的方向时用“去”。

“来” and “去” are used after verbs as complements to describe direction of an action, also known as simple directional complements. If an action is occurring in the direction towards the speaker or the thing being referred to, "来" is used; conversely, "去" is used.

来：  ←拿来　　　去：  →拿去

例如：

E. g. ,

(1) 快点上来吧。(向着说话人的方向，说话人在上边)

(2) 快点下去吧。(背着说话人的方向，说话人在上边)

(3) 回来吧。(向着说话人的方向)

(4) 回去吧。(背着说话人的方向)

宾语是处所词时，要放在动词之后、"来"或者"去"之前。

If the object is a word denoting a place, it should be placed after the verb and before "来" or "去".

例如：

E. g. ,

(5) 他到学校去了。

(6) 我们上车去吧。

(7) 外面冷，快进屋来。

宾语是表示事物的词语时，可放在"来"或者"去"之前，也可

放在“来”或者“去”之后。

If the object is a word referring to a thing, it can be placed before or after “来” or “去”.

例如：

E. g. ,

(8) 他拿来了一本中文书。/他拿了一本中文书来。

(9) 我给朋友带去了一些水果。/我给朋友带了一些水果去。

(10) 家人给我送来了一把伞。/家人给我送了一把伞来。

宾语趋向补语也可以是“进/出/上/下/回”等。

“进/出/上/下/回” also can be used as complements and indicate the direction of an action.

进：←走进房子　　出：→走出房子

上：从低到高走上楼　　下：从高到低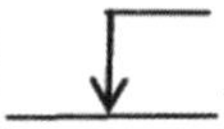走下楼

回：从所在地移到原处走回家

练习 Exercises

1. 根据图片写词语或者短语。 Describe the pictures with words or phrases.

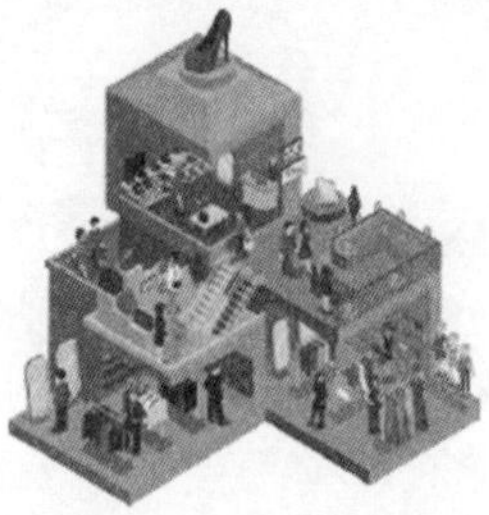

(1) ____________

(2) ____________

(3) ____________

(4) ____________

(5) ____________

(6) ____________

(7) ____________

(8) ____________

(9) ____________

2. 给下面相同的汉字注音。 Write down the Pinyin of the same characters.

中间	(　　)	当然	(　　)	便宜	(　　)
看中	(　　)	当天	(　　)	方便	(　　)

地方	(　　)	得分	(　　)
开心地说	(　　)	走得很快	(　　)

3. 选词填空。 Choose the right words to fill in the blanks.

满意　放心　当天　赶快　看中　犹豫　保证　之内　淘　保修

(1) 有些购物网站买的东西，________就能收到。

(2) 很多商品 7 天________都是可以免费退换的。

(3) 很晚了，她的爱人还没有回来，电话也没有人接，她很不________。

(4) 我________的那款衣服打折了，你说我要不要买？

(5) 想好了就买吧，不要________了。

(6) 电影马上开始了，我们________走吧。

(7) 你能跟老师________以后不再迟到吗？

(8) 你看，我在那家店________了这双鞋子，怎么样？

(9) 如果您购买的手机一年之内有质量问题，我们都________。

(10) 老板对他的工作不太________。

4. 用括号里的词语改写句子，保持句子意思不变。 Rewrite the sentences with the given words and retain their original meanings.

（1）面条和米饭，我喜欢米饭。（和……相比）

____

（2）我想在家休息，不想出去玩儿。（和……相比）

____

（3）如果你是会员，你生日那一天会有礼物。（当天）

____

（4）我们店里的东西一定都是正品，你放心吧。（百分之百）

____

（5）他做决定的时候总是要想很长时间。（犹豫）

____

（6）我以后一定会按时起床，坚持运动。（保证）

____

（7）昨天我看到一件蓝色的衣服，非常喜欢。（看中）

____

5. 选择“来”“去”“回”“上”完成句子。 Complete the sentences with **“来”**, **“去”**, **“回”** or **“上”**.

（1）我的妈妈到广州________了，我得去机场接她。

（2）饿坏了吧，我买________了几个包子，还热着呢，快来吃。

（3）我们上________吧，他还在楼上等我们呢。

（4）你的本子我帮你拿________了，快交给老师吧。

（5）都这么晚了，他怎么还没有起________？不会是生病了吧？

（6）他刚从我这儿过________。

（7）你看，从那边走________几个小朋友。

（8）朋友给我送________一杯咖啡。

（9）他的自行车坏了，他只好走________家。

（10）我们一起慢慢地走________山。

6. 组句。Rearrange the words to form a sentence.

（1）拿　我　了　一本　中文书　来

____

（2）北京　去　他　到　了

____

（3）买　我　一张　来　了　电影票

____

（4）大家　上车　吧　快点儿　去

____

（5）楼　下　他　了　去

____

（6）送　妈妈　给我　来　一些衣服　了

____

7. 选“的”“得”或者“地”填空。Complete the sentences with **“的”**, **“得”** or **“地”**.

（1）孩子看到妈妈，高兴________笑了。

（2）上面写________很清楚。

（3）这是我给你买________，快收下吧。

（4）他是我们班跑________最快的同学。

(5) 那里有两个小孩，大________3 岁，小________2 岁。

(6) 上课的时候，教室里安安静静________。

(7) 他在旁边安静________看爸爸工作。

(8) 我现在头疼________厉害，没有办法工作。

(9) 他关上门，轻轻________走了。

(10) 他是个非常聪明________孩子，你说一遍他就懂了。

8. 快加入购物车——网购词语补充。Expand your vocabulary about online shopping.

常用网购词语（以淘宝网为例）

zhùcè
注册

dēnglù
登录

shōucáng
收藏

píngjià
评价

gòuwùchē
购物车

yōuhuìquàn
优惠券

miǎn yùnfèi bāoyóu
免 运费/ 包邮

shōu huò
收 货

9. 金牌卖家。Role playing.

学生分成 4 组，1 组学生为网购商店的买家，3 组学生为卖家（含快递员）。老师提前让学生准备一些物品作为售卖的商品，课上以一张桌子或其他物品为界限，模拟手机或电脑屏幕的距离，买家和卖家进行商品的买卖。

买卖结束后，买家要对 3 组卖家分别进行评论。卖出东西最多且获好评最多的小组赢得“金牌卖家”的称号。

10. 网购达人。Let’s go shopping online!

学生各自选一个常用的购物网站，买一次东西，东西种类不限。然后，大家将买到的东西带到教室，和同学分享自己的网购过程，比一比谁的商品性价比最高，评出心目中的“网购达人”。

第九课　去游乐园

To go to the amusement park

课前热身 Warming up

1. 你去过这里吗？Have you ever been here?

2. 你知道这些游乐项目的名字吗？What are those amusement rides in the pictures below?

生词 New words

1	游乐园	yóulè yuán	名	amusement park
2	要是	yàoshi	连	if
3	上车	shàng chē		to get on (bus/car)
4	学生卡	xuéshēng kǎ		student card
5	抽屉	chōuti	名	drawer
6	出来	chūlái	动	to come out
7	系	jì	动	to tie
8	安全带	ānquándài	名	safety belt
9	刺激	cìjī	形	exciting
10	过山车	guòshānchē	名	roller coaster
11	海盗船	hǎidào chuán		pirate ship
12	大摆锤	dà bǎi chuí		pendulum ride
13	吓人	xiàrén	形	frightening
14	垂直	chuízhí	形	vertical
15	胆子	dǎnzi	名	courage
16	敢	gǎn	动	to be dare to
17	排队	páiduì	动	to queue up; to line up
18	放弃	fàngqì	动	to give up
19	怕	pà	动	to be afraid of
20	过瘾	guòyǐn	形	thrilling
21	鬼屋	guǐwū	名	haunted house, spook house
22	非	fēi	副	must

23	只好	zhǐhǎo	副	with no choice but…
24	步	bù	量	step
25	突然	tūrán	副	suddenly
26	跳	tiào	动	to jump
27	哇哇大叫	wāwā dàjiào		to yell
28	蹦	bèng	动	to hop

课文 Text

课文1 Text 1

老师： 大家都来了吗？要是都来了，我们就上车，准备出发吧。

米娜： 老师，阿里还没有到，他忘了拿学生卡，刚才回宿舍去拿了。

老师： 那我们上车等他吧。

(阿里跑过来了)

阿里： 不好意思，老师，我来晚了。

老师： 没事儿。快点儿上来吧！

米娜： 阿里，你过来和我一起坐吧。对了，你的学生卡找到了吗？

阿里： 找到了。就在我的抽屉里，我忘了拿出来。

老师： 好，同学们都到齐了，那大家系好安全带，我们现在出发吧。

课文2 Text 2

今天我和朋友们一起去了游乐园。我们玩了很多刺激的项目，比如过山车、海盗船、大摆锤……最吓人的是垂直过山车，有的人胆子小，不敢上去坐。有的人排队排到一半就放弃了。我一点儿也不怕，坐了一次不过瘾，又坐了第二次。可是进鬼屋的时候，我听到里面的声音，就吓得跑了出去。我的朋友们非要拉我进去不可，我只好跟他们进去了。刚走了几步，一个“鬼”突然跳了出来，吓得大家哇哇大叫，我的心都要蹦出来了。现在想想，我真不知道自己是怎么走出来的。

语言知识 Language guidelines

知识1 Tip 1

“要是……就……”

“要是都来了，我们就上车，准备出发吧。”

“要是……就……”连接两个分句，表示在假设情况下产生某种结果。

Two clauses are connected by the structure “要是……就……” which is used to indicate that something will happen depending on another thing happening.

例如：

E. g. ,

(1) 要是下雨，我们就不去爬山了。

(2) 要是你来中国，就告诉我，我去接你。

(3) 要是复习好了，就快点去睡觉吧。

知识❷ Tip 2

“对了”

“对了，你的学生卡找到了吗？”

“对了”用在对话中时，常用在句首，表示突然想起什么事情。

Commonly used in daily conversations, “对了” usually stands at the beginning of a sentence to introduce something that the speaker has just thought of.

例如：

E. g. ,

（1）对了，我们明天什么时候去北京路？

（2）对了，有件事儿忘了告诉你。

（3）对了，今天王乐乐打电话找你。

知识❸ Tip 3

复合趋向补语

Compound directional complements

“我忘了拿出来。”

趋向动词“上、下、进、出、回、过、起”加上“来”或“去”，放在另一动词后作补语，叫复合趋向补语，表示动作的趋向。常用的复合趋向补语有：

When a directional verb such as “上”, “下”, “进”, “出”, “回”, “过” and “起” is followed by “来” or “去” and placed after another verb to function as a complement, it is known as a compound directional complement, indicating the direction of an action. The frequently used ones are listed below:

上来	下来	进来	出来	回来	过来	起来
上去	下去	进去	出去	回去	过去	

“来”或者“去”所表示的动作与说话人或所指事物之间的关系和简单趋向补语相同。

The directions indicated by “来” or “去” are determined by the relationship between the action and the speaker or the thing referred to. The same rule applies to simple directional complements.

例如：

E. g. ,

(1) 一下课，他就跑了出去。

(2) 他突然站了起来。

(3) 东西寄过去了吗?

(4) 衣服买回来了。

动词带宾语的关系和简单趋向补语相同。

If the verb is followed by an object that denotes a place, the object must be placed before “来” or “去”. If the object denotes a thing, it can stand before or after “来” or “去”.

例如：

E. g. ,

（5）他跑回宿舍去了。

（6）朋友给我带回来一件礼物。/朋友给我带回一件礼物来。

如果动词不带宾语，“了”可以放在动词之后、补语之前，也可以放在句尾。

If the verb is not followed by an object, “了” can be placed between the verb and the complement or at the end of the sentence.

例如：

E. g. ,

（7）小鸟飞出去了。/小鸟飞了出去。

（8）他们爬上去了。/他们爬了上去。

知识4 Tip 4

“一点儿也/都不……” 教学视频

“我一点儿也不怕。”

中文用“一点儿也/都不……”强调完全否定。

“一点儿也不……” is used to emphasize negation.

例如：

E. g. ,

(1) 我一点儿也不想去爬山。

(2) 今天的生词一点儿也不多。

(3) 这家饭店的饭菜一点儿也不好吃。

也可以用“一……也没有/不……”。

“一……也没有/不……” can be used likewise.

例如：

E. g. ,

(4) 我一次上海也没去过。

(5) 他一首中文歌都不会唱。

(6) 他一次课也没上过。

知识5 Tip 5

“非（要）……不可”

“我的朋友们非要拉我进去不可。”

“非……不可”，意思是“一定要”，后边常常是名词、动词等。

“非……不可” means that someone is obliged to do something. It is usually followed by a noun or a verb.

例如：

E. g. ,

(1) 你别说了，我非去不可。

(2) 你还不起床？今天上学非迟到不可。

(3) 下雨天不打雨伞，非感冒不可。

“非”后面常常有“要”或者“得”，意思是“一定”。后边一般是动词，也可以是句子，后面的“不可”可以省略。

“非” often comes with “要” or “得”, to show that somebody must do something. It is usually followed by a verb or a sentence. “不可” can be omitted.

例如：

E. g. ,

（4）孩子非要妈妈唱歌给他听。

（5）朋友们非要我跟他们一起去看电影。

（6）别人去都不行，非得你去。

练习 Exercises

1. 词语消消乐。Words play.

~~系好~~	胆子	刺激
非常	走	~~安全带~~
很小	放弃	哇哇
几步	大叫	只好

把消掉的词语写下来。Write down the words.

系好安全带 ________ ________

________ ________ ________

2. 选词填空。Choose the right words to fill in the blanks.

上车	吓人	忘	排队	敢	步	突然
项目	刺激	系	胆子	怕	非	放弃

（1）这家饭店生意太好了，吃饭还要________。

（2）等等我，我________一下鞋带。

（3）马上就跑完了，你要坚持，别________啊！

（4）这个游乐园里有很多好玩儿的________。

（5）我________小，你别吓我。

（6）哎呀，今天的作业我________了写。

（7）鬼屋太________了，我不________去。

（8）人都到了，我们快________吧。

（9）别着急，做什么事情都要一______一______来。

（10）他最近心情不好，你别说这些事________他了。

（11）我已经想好了，今天________去不可。

（12）上课的时候，他________站起来走出去了。

（13）你最________的人是谁？

3. 词语小游戏。Words play.

A. 用"过瘾"造句。Build sentences with "过瘾".

例如：天气太热了，我一口气喝完一瓶冰可乐，太过瘾了！

（1）____

（2）____

（3）____

B. 用“非要”造句。Build sentences with “非要”.

例如：我说不去爬山，他非要去爬山。

（1）＿＿＿＿＿＿＿＿＿＿＿＿＿＿＿＿＿＿＿＿＿＿＿＿

（2）＿＿＿＿＿＿＿＿＿＿＿＿＿＿＿＿＿＿＿＿＿＿＿＿

（3）＿＿＿＿＿＿＿＿＿＿＿＿＿＿＿＿＿＿＿＿＿＿＿＿

C. 用“只好”造句。Build sentences with “只好”.

例如：今天的票卖完了，我只好买明天的。

（1）＿＿＿＿＿＿＿＿＿＿＿＿＿＿＿＿＿＿＿＿＿＿＿＿

（2）＿＿＿＿＿＿＿＿＿＿＿＿＿＿＿＿＿＿＿＿＿＿＿＿

（3）＿＿＿＿＿＿＿＿＿＿＿＿＿＿＿＿＿＿＿＿＿＿＿＿

D. 用“要是”完成句子。Complete the sentences with “要是”.

（1）要是我有很多钱，＿＿＿＿＿＿＿＿＿＿＿＿＿＿＿。

（2）要是能回到过去，＿＿＿＿＿＿＿＿＿＿＿＿＿＿＿。

（3）＿＿＿＿＿＿＿＿＿＿＿＿＿＿＿＿，老师就不说了。

（4）＿＿＿＿＿＿＿＿＿＿＿＿＿＿＿＿，我们就回家吧。

4. 用括号里的词回答问题。Answer the questions with the given words.

（1）A：你去过 深圳（Shēnzhèn） 吗？

B：＿＿＿＿＿＿＿＿＿＿＿＿＿＿＿。（一……也……）

（2）A：同学们，我们现在开始听写。

B：啊，怎么办？＿＿＿＿＿＿＿＿＿＿＿＿。（一……也……）

（3）A：你不是去购物了吗？你买的衣服呢？

B：唉，都不合适，____________________。（一……也……）

（4）A：我觉得今天有点儿冷。

B：哪里，我觉得____________________。（一……也……）

（5）A：粤菜辣吗？

B：______________________________。（一……也……）

（6）A：你找别人去吧，我没有时间。

B：__________________________________。（非……不可）

（7）A：你为什么这么努力地准备考试？

B：____________________________________。（非得……）

（8）A：你怎么来了？不是说不来吗？

B：唉，没办法，________________________。（非要……）

5. 组句。Rearrange the word to form a sentence.

（1）楼　走　他们　都　下　去　了

____

（2）一件　他　回来　买　了　礼物

____

（3）进　图书馆　他　走　我　看见　了　去

____

（4）走回　他　宿舍　去　了

____

（5）朋友　饺子　送　一盘　我　给　过来　了

____

（6）山 上 他们 都 爬 去 了

____

6. 填上适当的“动词＋趋向补语”完成下面这段课文。 Complete the following passages with appropriate verbs and directional complements.

下午我在宿舍看书的时候，美美给我（1）________一个电话，她说，她从北京（2）________了，还给我（3）________一些北京的好吃的。美美说：“我给你（4）________。”我说：“不用那么麻烦你，你就住在我楼上，我（5）________楼________拿吧。”美美又说：“没关系，我正好要（6）________，顺便带给你。”

过了几分钟，美美从楼上（7）________了，听到她敲门，我马上说：“快（8）________屋________，坐一会儿，我给你倒水。”美美说：“不用啦，我送了东西就走了。”我一看，美美给我（9）________了很多东西，我打算有时间请她吃饭，好好谢谢她。

7. 小组猜词。 Word-guessing game.

全班分成两组比赛。A 组根据词卡提示进行猜词的时候，B 组一个人负责在旁边吹气球，B 组气球吹爆的时候，A 组答题时间到。反之，B 组猜词时，A 组负责吹气球，气球吹爆时，B 组停止猜词。看哪组在有效时间内能猜对更多词语。

8. 游戏：人人都能当老师。Sentence-guessing game.

三到四位同学一组，设计小课件或者小视频，引导同学们说出带有趋向补语的句子，每个组至少负责两个句子，最好不要重复。例如：

下课了，同学们跑出教室。/下课了，同学们跑出教室去。

所有小组讲完以后，可以让同学们投票选出最优秀的“中文老师”，给予一些奖励。

9. 听口令做动作。Direction-following game.

将学生分成2～3组，小组同学按顺序站好，老师说口令，小组同学依次按照口令做出相关动作，如果做对了，就得1分，做错了，减去1分，达到8分就能赢得游戏。如果输了，就要接受惩罚。

口令最好是课堂中容易做到的，例如：站起来、坐下去、跑出去、跑进来、拿出来、拿出去……

10. 看图连线。Match the words with the right pictures.

dà bǎi chuí
大 摆 锤

tiào lóu jī
跳 楼 机

hǎidào chuán
海盗 船

guòshānchē
过山车

mótiān lún
摩天 轮

xuánzhuǎn mùmǎ
旋转 木马

guǐ wū
鬼 屋

1. 

2. 

3. 

4. 

5. 

6. 

7. 

你还知道什么游乐项目？______________________

11. 介绍一下你们国家最有名的一个游乐园。Introduce one of the most famous amusement parks in your country.

第十课　喂，你的快递

Hi，your delivery

课前热身 Warming up

你知道下面这些中文怎么说吗？Introduce the pictures in Chinese.

生词 New words

1	快递	kuàidì	名	express delivery
2	快递员	kuàidì yuán		delivery man
3	东门	dōng mén		the eastern gate
4	取	qǔ	动	to get；to pick up (package)

5	了	liǎo	动	can (used with “得” or “不” after a verb to indicate possibility)
6	帮忙	bāngmáng	动	to help, to do a favor
7	快递柜	kuàidì guì		delivery locker, express cabinet
8	信息	xìnxī	名	message
9	通知	tōngzhī	动	to inform
10	辛苦	xīnkǔ	动	to bother
11	事情	shìqing	名	thing, matter
12	查看	chákàn	动	to look over, to check, to examine
13	短信	duǎnxìn	名	text message
14	服务	fúwù	名	service
15	速度	sùdù	名	speed
16	实惠	shíhuì	形	economical
17	即使	jíshǐ	连	even though, even if
18	增加	zēngjiā	动	to increase
19	代收点	dài shōu diǎn		courier station
20	耽误	dānwu	动	to delay

21 宝贝	bǎobèi	名	items you have bought; treasure; baby
22 取件码	qǔ jiàn mǎ	名	pickup code

课文 Text

课文1 Text 1

快递员： 喂，你好，你的快递到了，你现在有空儿来学校东门取一下吗？

米亚： 现在吗？可是我现在不在学校，拿不了啊。

快递员： 可以叫你的同学帮忙。

米亚： 现在大家都去吃饭了，找不到人。可以麻烦你下午再送一次吗？

快递员： 下午我来不了，我给你放在快递柜吧。

米亚： 行，下次可以提前发信息通知我吗？

快递员： 我们提前发了信息，你是不是没有注意？

米亚： 我没收到信息啊。那就麻烦你放在快递柜，谢谢！辛苦你了！

快递员： 好的。

课文2 Text 2

学会网购以后，我经常在网上买东西，因为网购又方便又便宜。现在每天下课以后，我做的第一件事情就是查看手机，看看有没有取快递的短信。中国的快递公司很多，每一家快递公司的服务都不错，不但送货速度快，而且价格也很实惠。即使你不在家，也不用担心拿不到快递，因为现在又增加了很多快递代收点和快递柜，所以不会耽误收快递。在快递代收点你只要告诉了他们电话号码，就可以拿到你买的宝贝了；在快递柜取快递，输入一下取件码就可以了。

语言知识 Language guidelines

知识1 Tip 1

教学视频

可能补语

Potential complement

“也不用担心拿不到快递。”

可能补语表示主客观条件能否允许进行某种动作或实现某种结果和变化。

A potential complement can be used to indicate whether or not an action is possible.

肯定式：动词 + 得 + 结果补语/趋向补语

affirmative form：verb + 得 + resultative complement or directional complement

例如：

E. g. ,

(1) 这些书你看得完吗?

(2) 他那么小，你说的话他听得懂吗?

（3）你没有 钥匙（yàoshi），进得去吗？

否定式：动词 + 不 + 结果补语/趋向补语

negative form：verb + 不 + complement of result/complement of direction

例如：

E. g. ，

（4）今天的作业一个小时做不完。

（5）这件衣服太脏了，我洗不干净。

（6）门 锁（suǒ）了，我们进不去。

疑问句形式：肯定式 + 吗？

interrogative form：affirmative form + 吗？

例如：

E. g. ，

（7）今天的作业你写得完吗？

（8）这么多东西，他一个人吃得完吗？

正反疑问句形式：肯定式 + 否定式 + ？

affirmative-negative question：affirmative form + negative form + ？

例如：

E. g. ，

(9) 老师的话你听得懂听不懂？

(10) 前面的字你看得清楚看不清楚？

较多用的是可能补语的否定形式。肯定形式主要用来回答可能补语的提问，表示不太肯定的推测。

Potential complements are often used negatively. The affirmative ones are usually answers to questions, indicating uncertain conjectures.

例如：

E. g. ,

(11) 我看不懂中文电影。

(12) A：你的书找得到吗？

B：找得到。

(13) 你去看看吧，可能买得到。

动词带宾语时，宾语放在可能补语的后边；如果宾语较长，则可以放在句子开头。

When the verb takes an object, the object is placed after the potential complement. If the object is a phrase or a clause, it can be placed at the beginning of the sentence.

例如：

E. g. ,

(14) 你说的话，我听不懂。

(15) 你喜欢的那款衣服卖完了，我们买不到了。

表示动作能否发生或完成：动词 + 得/不 + 了

indicating whether an action can take place or be completed：verb + 得/不 + 了

A. 表示动作行为能否发生。

The structure indicates whether an action can take place.

例如：

E. g. ,

（16）明天的比赛，你参加得了吗？

（17）他腿疼，走不了路了。

B. 表示动作行为能否完成（“了”有“完”的意思）。

The structure indicates whether an action can be completed（“了” means “to finish” or “to complete”）.

例如：

E. g. ,

（18）这么多菜，他们吃不了。

（19）从我们国家到这里用不了三个小时。

知识❷ Tip 2

“即使……也（还）……”

“即使你不在家，也不用担心拿不到快递。”

“即使……也（还）……”，表示在某种假设的情况出现时，仍会怎么做或仍会出现某种结果，是一种假设的让步。

“即使……也（还）……” is used to indicate that something will still take place in spite of a hypothetical condition that might prevent it.

例如：

E. g. ,

（1）我一定要去，即使下雨，我也要去。

（2）即使妈妈不同意，他也想买。

（3）学习语言不要怕错，即使说错了也没关系。

（4）即使作业很多，我还坚持每天读一个小时课文。

（5）即使这件事情非常难，我也不会放弃。

练习 Exercises

1. 根据图片写词语或者短语。Describe the pictures with words or phrases.

（1）________________

（2）________________

（3）________________

（4）________________

（5）________________

（6）________________

2. 选词填空。Choose the right words to fill in the blanks.

帮忙 通知 空儿 辛苦 查看 服务 实惠 增加 即使 耽误

（1）有些老人为了买到________的东西，一大早就来超市门口等了。

（2）等你有________的时候来我家玩儿。

（3）早上起床后，我做的第一件事就是________e-mail。

（4）这家饭店的饭菜很好吃，但是________真的不太好。

（5）我们班________了很多新同学。

（6）现在有了快递柜，________不在家，也不用担心收不到快递。

（7）刚刚收到学校的________，下个星期我们要举行运动会。

（8）真是________您了，还麻烦您自己过来。

（9）那个小男孩找不到妈妈了，大家都________找一下。

（10）10点的飞机，你现在还不出发，别________了啊。

3. 完成短语，然后选择正确短语完成句子。Complete the phrases, and then choose the right phrases to complete the sentences.

看得________	听得________	去得________	吃得________
看不________	听不________	去不________	吃不________
买得________	做得________	进得________	回得________
买不________	做不________	进不________	回不________

（1）路上堵车了，他6点可能__________了。

（2）他突然发烧，明天的会可能__________了。

（3）妈妈做了那么多好吃的，我怎么可能__________？

（4）我忘了戴眼镜，黑板上的字我__________。

（5）他说话的声音太小了，我一点儿也__________。

（6）我忘了拿钥匙，__________家了。

（7）买的人太多，恐怕我们今天__________了。

（8）这么多作业，即使晚上不睡觉，也__________。

（9）我买不到火车票，今年春节我__________家。

（10）三碗米饭，你一个人__________吗？

4. 你该怎么说？（根据提示词完成） Complete the dialogues with the given words.

（1）快递员给你送来你买的宝贝，你对快递员说：

____（辛苦）

（2）你请朋友帮你拿快递，你对朋友说：

______________________________（取）

（3）快递员给你发了信息，你不知道，你对快递员说：

______________________________（……到）

（4）这条路上现在有很多新公司，你可以说：

______________________________（增加）

（5）你跟朋友吃完饭要去看电影，但是他吃饭很慢，你说：

______________________________（耽误）

（6）这家饭店口碑很好，但是排队的人太多了，你想去别家饭店吃，你说：

______________________________（耽误）

（7）你要去游乐园，朋友们不去，你一个人也要去，你说：

______________________________（即使）

（8）你要做的事情很难，朋友跟你说不要放弃、坚持到底，他说：

______________________________（即使）

5. 用可能补语完成对话。 Complete the dialogues with potential complements.

（1）A：明天我办生日晚会，你来吗？

B：对不起，______________________________。

（2）A：你怎么不给我打电话？

B：我的手机关机了，______________________________。

（3）A：艾文，你昨天为什么没有来上课？

B：老师，______________________________。

（4）A：同学们，明天我们考第 1 课到第 10 课。

B：天啊，老师，______________________________。

（5）A：你怎么在这里等，不进去吗？

B：________________________________。

（6）A：你刚来中国的时候中文怎么样？

B：________________________________。

（7）A：你不是要坐火车去旅行吗，怎么没去？

B：________________________________。

（8）A：大家都去打球了，你也一起去吧。

B：________________________________。

6. “Yes” 或 “No” 反应大考验。Reaction game.

全班同学分成两个小组，一个组的学生根据下列情景提示或者自己想问题，用“动词 + 不/得 + 动词/形容词”问问题，老师举牌“Yes”或“No”，另一个组的学生根据举牌迅速回答。也可以交换轮次比赛。

（1）今天的语法……？

（2）我的眼睛不太好，坐在后面……？

（3）这么多饭，你……？

（4）听说你的水杯不见了……？

（5）他的腿受伤了……？

（6）这个箱子很重，我……？

（7）我没有拿钥匙……？

7. 你会寄快递吗？Discussion：How to send a package？

你知道哪些寄快递的方法？请和同学们一起说一说你常用的寄快递方法。

比如：手机下单、电话下单、快递站下单等。

8. 快递公司哪家强？Survey：Which delivery company do Chinese people recommend？

调查一下你身边的朋友或者到路上去采访一下中国人，他们比较喜欢的快递公司是哪一家。（最好把你的采访过程拍成视频）

你可能会问到的问题：

你喜欢哪家快递公司？为什么？

你不喜欢哪家快递公司？为什么？

这家快递公司寄东西贵吗？

这家快递公司服务好不好？

快递公司名称	价格	速度	服务	其他

9. 今天我去拿快递。（写一次你拿快递的过程） Describe an experience of picking up packages at a courier station.

第十一课　我要团购

I want group buying

课前热身 Warming up

1. 你用过团购软件吗？Have you ever used any group buying Apps?

2. 在你的国家有团购吗？你觉得团购怎么样？Are there any group buying Apps in your country? What do you think about it?

生词 New words

1	团购	tuángòu	动	group buying
2	部分	bùfen	名	part
3	宅	zhái	动	to remain indoors, to stay at home
4	追	zhuī	动	to chase, to go after
5	剧	jù	名	TV drama

6	熟悉	shúxi	形	familiar
7	推荐	tuījiàn	动	to recommend
8	评价	píngjià	动	to comment, to review
9	券	quàn	名	coupon
10	原来	yuánlái	副/名	originally, in the first place
11	书法	shūfǎ	名	calligraphy
12	景点	jǐngdiǎn	名	scenic spot
13	门票	ménpiào	名	ticket
14	优惠	yōuhuì	形	economical
15	平均	píngjūn	形	average
16	体验	tǐyàn	动	to experience
17	伙伴	huǒbàn	名	friend
18	火锅	huǒguō	名	hotpot
19	公道	gōngdào	形	reasonable, fair
20	环境	huánjìng	名	environment
21	舒适	shūshì	形	comfortable
22	周到	zhōudào	形	considerate, thoughtful
23	网友	wǎngyǒu	名	netizen
24	特色	tèsè	名	feature, specialty
25	果然	guǒrán	副	as expected
26	座位	zuòwèi	名	seat
27	既……又……	jì……yòu……		not only…but also…

28 省	shěng	动	to save
29 实在	shízài	副	really, indeed

专名 Proper nouns

大众点评	Dàzhòng Diǎnpíng	name of an App

课文 Text

课文1 Text 1

艾文： 你平时都做什么呢？

米娜： 我大部分时间都宅在宿舍追剧，不怎么出去逛。

艾文： 为什么不出去？

米娜： 我对这儿还不太熟悉，不知道有什么好玩儿的。

艾文： 那你可以下载个“大众点评”App。听老师说，这个App推荐了很多好吃的东西和好玩儿的地方，上面不但可以看到别人的评价，而且可以买到打折券和团购套餐。

米娜： 哇，原来我们学校附近有这么多好吃的饭馆。这里还有书法班、电影票、旅游景点门票的优惠活动。

艾文： 你看，这个书法班评价不错，平均价格也不贵，还可以免费试一次课。

米娜： 太好了，我们先去上一次体验课吧。

课文2 Text 2

周末上完了书法体验课，我和小伙伴们一起去吃牛肉火锅，这是我们第一次用“大众点评”App 找饭店。那家饭店跟网上的评价一样，价格公道，环境非常舒适，服务也很周到。还没到中午，外面就已经有很多等位吃饭的人了。我们团购了一个三人套餐，还点了一些网友推荐的特色菜，味道果然不错。我们打算以后有机会再去那家饭店吃饭。除了可以找到好吃的饭店以外，我们还可以用这个软件预约座位，我觉得它既省时间又省钱，实在太方便了！

语言知识 Language guidelines

知识❶ Tip 1

教学视频

不/没怎么 + 动词

“我大部分时间都宅在宿舍追剧，不怎么出去逛。”

“不/没怎么 + 动词”表示不经常做某事，或做某事时花的时间、精力不多。动词有宾语时，也可以表示数量不多。

“不/没怎么 + verb” indicates that someone seldom does something or someone spends little time or effort in doing it. When the verb takes an object, it is also used to imply a small quantity.

例如：

E. g. ,

(1) 我不怎么看电视。

(2) 这几天他身体不太舒服，没怎么吃东西。

(3) 他没怎么准备就去考试了，结果没考好。

知识2 Tip 2

"原来"

"哇，原来我们学校附近有这么多好吃的饭馆。"

1. 副词"原来"：发现了以前不知道的情况，含有恍然醒悟的意思。放在主语前后都可。

When "原来" is used as an adverb, it may indicate that a formerly unknown fact has been discovered surprisingly. It may be used either before or after the subject of a sentence.

例如：

E. g. ,

(1) 原来你在这里，我们找了你半天。

(2) 我以为是玛丽，原来是你啊。

(3) 他好长时间没来上课了，原来他病了。

2. 名词"原来"：指以前某一时期，现在已经不是这样了。

When "原来" is used as a noun, it refers to the past, suggesting that things are different now.

例如：

E. g. ,

(4) 他原来不会说中文，现在中文说得很好。

(5) 我们学校原来只有几百名留学生，现在已经有一两千名了。

(6) 这里原来是一座小山，现在已经变成了公园。

知识3 Tip 3

“既……又……”

“我觉得它既省时间又省钱，实在太方便了！”

“既……又……”表示同时具有两个方面的性质或者情况，连接动词或形容词（结构或者音节数目常常相同）。

Indicating that something features a combination of qualities，“既……又……” is used to connect verbs or adjectives of equal importance，which always have parallel structures or the same amount of syllables.

例如：

E. g. ,

（1）我们的学校既漂亮又干净。

（2）我们班的同学既聪明又努力。

（3）这次的考试题既多又难。

（4）我去银行既取钱又换钱。

练习 Exercises

1. 读一读。Read.

饭馆儿	饭馆儿
好吃的饭馆儿	找饭馆儿
这么多好吃的饭馆儿	用手机软件找饭馆儿
有这么多好吃的饭馆儿	第一次用手机软件找饭馆儿
学校附近有这么多好吃的饭馆儿	这是我第一次用手机软件找饭馆儿

2. 连一连，组词。 Match the characters to build words or phrases.

价格	周到	特色	环境
服务	舒适	熟悉	菜
省	公道	追	在家
环境	小吃	宅	套餐
推荐	时间	团购	剧

3. 选词填空。 Choose the right words to fill in the blanks.

熟悉　下载　部分　周到　推荐　舒适　团购　评价　果然　实在

（1）我刚刚________了一个新的听歌 App，非常好用。

（2）这首歌我觉得很________，可能以前听过。

（3）现在她的大________时间都是在家陪伴家人。

（4）今天外面________太热了，我还是在家休息吧。

（5）在淘宝买东西的时候，我要先看看人们对那家商店的________。

（6）吃的、用的、穿的，你都准备了，想得太________了。

（7）这张电影票是我________的，比平时的价钱便宜不少呢。

（8）这家酒店的房间很________，我昨天晚上休息得很好。

（9）昨天很冷，我穿得又少，早上起来________感冒了。

（10）昨天我去了你________的那家饭馆，觉得味道很不错。

4. 用括号里的生词改写句子。 Rewrite the sentences with the given words.

（1）他以前看不懂中文电影，现在可以看懂了。（原来）

____

（2）他好长时间没来上课，我才知道他生病了。（原来）

____

（3）我觉得你在家里，结果你真的在家。（果然）

____

（4）天气预报说今天有雨，下午真的下雨了。（果然）

____

（5）这个箱子太重了，我拿不动。（实在）

____

（6）我太累了，昨天晚上很早就睡觉了。（实在）

____

（7）最后我还是买了那条裙子，少花了 50 块钱呢。（省）

____

（8）坐火车要 20 个小时，坐飞机只要 2 个半小时，时间短多了。（省）

____

5. 用括号里的词语回答问题。Answer the questions with the given words.

（1）A：新开的那家饭店怎么样？

B：______________________（既……又……）

（2）A：那条裙子怎么样？

B：______________________（既……又……）

（3）A：坐飞机去北京还是坐火车去？

B：______________________（既……又……）

（4）A：你常锻炼身体吗？

B：______________________________（不怎么）

（5）A：你们常常考试吗？

B：______________________________（不怎么）

（6）A：我们去吃 湖南（Húnán）菜，怎么样？

B：______________________________（不怎么）

（7）A：这次考试怎么考得不太好？

B：______________________________（没怎么）

（8）A：你去那家饭店了吗？怎么样？

B：______________________________（果然）

6. 综合练习。Comprehensive practice.

（1）我是美食家

全班分成若干小组，用手机团购软件找一家饭馆儿吃饭，然后从以下几个方面评价这个饭馆儿，每组派一个同学来做报告。

环境：______________________________

味道：______________________________

服务：______________________________

人均费用：______________________________

有没有团购套餐：______________________________

推荐哪个菜：______________________________

（2）我爱旅行

现在有位朋友要去你家附近旅行，她/他还没有订酒店，你可以帮她/他推荐一家酒店吗？说一说你为什么推荐这家酒店。

(3) 我爱评价

最近你在淘宝买东西了吗？请你分享一下你对那家店铺(diànpù)的评价。

7. **读课文比赛**。Reciting competition.

老师将全班同学分为若干组，一组 4 ~5 位同学。这几位同学需要合作来读一篇课文，每位同学读几个句子。老师可以给大家几分钟时间准备。比赛时，如果某位同学读错，则从头开始读，最终用时最少的组获胜。

8. **读一读，判断正误**。Read the text and tell whether the following sentences are true or false.

这是一家四星级酒店。这家酒店离地铁站很近，走路大概十分钟就到了，既可以坐 3 号线，又可以坐 1 号线，到北京路站下车。从酒店去飞机场也很方便，坐地铁差不多一个小时就到了。

酒店的服务态度很好，前台的服务员很热情，给他们打电话问怎么去，他们也都很愿意帮忙。房间挺大的，而且床特别舒适，每次我一回到房间就想躺在床上。这里每天都有人来打扫，非常干净。

酒店周围的环境不错，晚上睡觉时很安静。附近有一个大公园，早上起床以后，还可以去公园里散步，空气非常新鲜。除了公园以外，附近还有一个大超市。

你问我多少钱？200 块一个晚上，怎么样，是不是很便宜？因为这是我团购的。

（1）这家酒店交通不太方便，去飞机场要半个小时。（　　）

（2）这家酒店的服务员什么也不知道。（　　）

（3）这家酒店周围的环境很好。（　　）

（4）我每次回到酒店就想躺在床上。（　　）

（5）这家酒店附近只有公园，没有超市。（　　）

9. 写一写。Writing.

TOPIC：我最喜欢的一家________________

第十二课　我要退货

I want a refund

课前热身 Warming up

如果在淘宝买的东西不满意，你知道怎么退货吗？Do you know how to ask for a refund if you are dissatisfied with your purchase from Taobao?

生词 New words

1	退货	tuìhuò	动	to return goods
2	夏天	xiàtiān	名	summer

3	衬衣	chènyī	名	shirt
4	着	zhe	助	indicating the continuation of an action or a state
5	合身	héshēn	形	well-fitting
6	袖子	xiùzi	名	sleeve
7	肩膀	jiānbǎng	名	shoulder
8	紧	jǐn	形	tight
9	货	huò	名	goods
10	卖家	màijiā	名	seller
11	之后	zhīhòu	名	later
12	操作	cāozuò	动	to operate
13	商品	shāngpǐn	名	goods，merchandise
14	选项	xuǎnxiàng	名	option，choice
15	寄	jì	动	to send
16	理由	lǐyóu	名	reason，excuse
17	保障	bǎozhàng	名	guarantee
18	包邮	bāo yóu		to offer free shipping
19	赠送	zèngsòng	动	to give as a present
20	运费险	yùnfèi xiǎn		freight insurance
21	快递费	kuàidì fèi		shipping cost
22	退款	tuìkuǎn	动	to refund
23	不管	bùguǎn	连	regardless of，no matter
24	提出	tíchū	动	to put forward

课文 Text

课文1 Text 1

米亚：我在淘宝买的那件夏天的衬衣穿着不合身。袖子有点短，肩膀这儿有点紧。

安娜：可以退货啊。

米亚：我正想着要退货呢。

安娜：你联系卖家了吗？

米亚：联系过了，卖家同意退货，还给我发了退货的地址和联系方式。但是之后我就不知道怎么操作了。

安娜：你在“我的订单”里找到你要退货的商品。

米亚：是这个吗？

安娜：对！就是这个。商品旁边有“退换货”的选项。你必须先申请一下，然后等卖家同意后，你就可以寄出快递了。

米亚：好的。谢谢你教会了我退货。

安娜：不客气。

课文2 Text 2

在淘宝买东西很方便，商品一般都有七天无理由退换货的保障。很多卖家不但包邮，而且还会赠送运费险。有了运费险，就不用担心快递费的问题了。买的东西不太让人满意的时候，我们可以选择退货、退款或者换货，但是不管怎样，最好先跟卖家确认一下，而且记住一定要在收货后的七天内提出申请。如果购买的东西还没有发货，我们可以先和卖家联系，告诉他退货的理由，一般卖家都会同意退款。如果商品已经发货，但是没有送到，也可以申请“退货退款”，不用等收到商品后再退，卖家收到货后就会给你退款。

语言知识 Language guidelines

知识1 Tip 1

教学视频

动词 + 着

Verb + 着

“我在淘宝买的那件夏天的衬衣穿着不合身。”

“着”可以用在动词后面，表示动作或者状态的持续。“着”在交际中常常用于描写。

“着” can be used after a verb to indicate that an act or a state is still continuing. It is usually used to describe something in daily conversations.

例如：

E. g. ,

（1）我戴着眼镜呢，怎么游泳？

（2）你看，教室里的灯还亮着。

首先，“动词 + 着”可以表示动作完成后，状态持续。

“Verb + 着” can indicate that something or somebody continues to be in a particular state after the action of the verb.

例如：

E. g. ,

(3) 妈妈穿着一件红衣服。

(4) 门开着，灯也开着。

其次，可以表示动作发生并一直持续。

It can also be used to indicate that something or someone keeps doing something.

例如：

E. g. ,

(5) 他拿着一本书。

(6) 老师站着，同学们坐着。

“着”也和“正在”“正”“在”“呢”等词一起用，表示动作正在进行。

“着” is also used with words such as “正在”, “正”, “在” and “呢” to indicate a continuing action.

例如：

E. g. ,

(7) 他们正上着课呢。

(8) 我去的时候，他正吃着午饭呢。

另外，“着”还可以用在连动句的第二个动词前，用来说明第二个动作进行时的状态或方式。

Besides, “着” may also be used before the second verb in a serial verb construction to describe the state or manner of the second action.

例如：

E. g. ,

(9) 他笑着和我聊天。

(10) 我们走着去吧，不着急。

(11) 她笑着对我说："欢迎光临！"

(12) 他在床上躺(tǎng)着看书。

否定形式：没有 + 动词 + 着

negative form：没有 + verb + 着

否定形式在交际中比较少用。

The negative form is seldom used in daily conversations.

例如：

E. g. ,

(13) 我没有坐着，我站着呢。

(14) 窗没有开着。

知识2 Tip 2

"不管"

"买的东西不太让人满意的时候，我们可以选择退货、退款或者换货，但是不管怎样，最好先跟卖家确认一下。"

"不管"和"都""也"一起用，表示在任何情况和任何条件下，结果都不变。

“不管”is used with“都”or“也”in a sentence to emphasize that the result will remain the same under any circumstances.

例如：

E. g. ,

（1）不管明天天气怎么样，我也一定要去旅行。

（2）不管别人说什么，他都没有放弃。

（3）不管做什么事情，他都非常认真。

（4）不管你回来不回来，都给我打个电话。

“不管”的后面常有“哪儿”“谁”“什么”“怎么”等疑问代词或者并列短语。

“不管”is always used with interrogative pronouns“哪儿”，“谁”，“什么”and“怎么”or parallel phrases.

例如：

E. g. ,

（5）不管他在哪儿，我们都要找到他。

（6）不管我做什么，他都觉得不对。

（7）不管别人怎么看，他都坚持自己的想法。

（8）不管你明天来不来，我都会在这里等你。

练习 Exercises

1. 找出句子中错误的汉字，并改正。Find out the wrong characters and correct them.

(1) 今年复天不太热。 ( ) —— ( )

(2) 这件衣服太小了，我想退贷。 ( ) —— ( )

(3) 你可以教我怎么操做吗？ ( ) —— ( )

(4) 他题出了一些问题。 ( ) —— ( )

(5) 如果要退款，要说一下你的里由。 ( ) —— ( )

(6) 这一题有 A、B、C 三个先项。 ( ) —— ( )

(7) 您现在买，我们会增送您一份小礼物。 ( ) —— ( )

(8) 他穿看一件白色衬衣。 ( ) —— ( )

2. 选词填空。Choose the right words to fill in the blanks.

合身　退款　理由　之后　保障　赠送　提出　操作　不管　选项

(1) 如果对收到的商品不满意，可以向客服________退货申请。

(2) 迟到就是迟到，没有那么多________。

(3) ________你在哪儿，我都一定能找到你。

(4) 这件衣服不大不小，很________。

(5) 说得挺容易，________就没有那么简单了。

(6) 如果已经收到快递了，就选择“退货退款”这个________。

(7) 卖家收到商品以后，就会给你________。

(8) 我 10 月见过他一次，________就再也没有见过了。

(9) 我以前觉得在网上买的东西质量没有________。

（10）商场在搞活动呢，买一个大的，________一个小的。

3. 根据图片用“动词＋着”写句子。 Build sentences with “verb ＋ **着**” according to the pictures.

	（1）________________
	（2）________________
	（3）________________

	(4) ________________
	(5) ________________

4. 用“动词＋着”填空。Fill in the blanks with “verb ＋**着**”.

（1）A：她在哪儿呢？

B：她在那边________，跟朋友________咖啡。

（2）A：安娜在宿舍吗？

B：在，我出来的时候，她正________音乐呢。

（3）A：她今天看起来怎么样？

B：她________一条白色的裙子，看起来特别漂亮。

（4）A：你进去的时候有人吗？

B：我进去的时候灯________，但是一个人也没有。

（5）他手里________一本中文书。

（6）他在宿舍愉快地________歌。

（7）你每天________看手机，再过一段时间就得戴眼镜了。

（8）爸爸在沙发上________看书，林一在房间里________音乐看书。

5. 用“着”“了”“过”填空。Fill in the blanks with “**着**”, “**了**” or “**过**”.

(1) 他来________一次中国。

(2) 昨天我喝________两杯咖啡。

(3) 我看________他走进来。

(4) 妹妹学________一年中文，但是没有学________法语。

(5) 他在教室前面站________读课文。

(6) 我学会________一首中文歌。

(7) 饭馆的门开________，可是里面没有人。

(8) 不要在外面站________等，快进来等吧。

6. 用“动词＋着”造句。Build sentences with “verb＋**着**”.

(1) 他　骑自行车　来学校

____

(2) 他们　喝茶　聊天

____

(3) 她　听音乐　跑步

____

(4) 他们　正　看电影

____

(5) 他　哭　对我　说

____

(6) 教室的门　开　灯　亮

____

7. 用括号里的词完成句子。Complete the sentences with the given words.

（1）他是个非常热情的人，__________，他都愿意帮忙。（不管）

（2）____________________________，我都会坚持做完。（不管）

（3）________________________________，我都会帮你。（不管）

（4）______________________________，我都会去上课。（不管）

（5）我打算__________________________________回国。（之后）

（6）他去年来过一次，____________________________。（之后）

（7）吃饭__________________________，对身体不好。（之后）

（8）如果你需要退货，需要________________________。（提出）

8. 改错句。Correct the sentences.

（1）他唱歌着走过来。

____

（2）我们坐着房间里谈话。

____

（3）妈妈穿着一件黑毛衣在身上。

____

（4）这家店晚上也不关着。

____

（5）我看到他站着在前面。

____

（6）不管你去，我都要去。

____

(7) 不管谁来，不能让他进去。

____

9. "着"字双簧。Perform a double act.

每个同学在纸上准备带"着"字的几句话，然后把纸交给老师。老师随意抽出一张纸，点两位同学。后面同学读纸上的文字，前面那位同学用双簧形式表演出来。

10. 最强客服团。Role playing.

假设一组同学为淘宝客服，另一组同学为顾客。请模拟打电话退换货的情景。客服组要想办法拒绝退货，顾客要想办法让卖家同意退货。看最终哪个组获胜。

11. 我是挑剔顾客。Practice how to return or exchange your purchase.

请上淘宝买一件商品，然后假设不满意，请与客服对话要求退换货，并将聊天记录保存下来，在课堂上分享。

参考答案 Answers

第一课　我的新朋友

1. （略）

2. （1）机会　（2）当　（3）差不多　（4）为了　（5）个子
（6）像　（7）戴　（8）感觉　（9）发展　（10）长

3. 戴眼镜　长得很漂亮　感觉很愉快　来自中国　了解中国文化

4. （1）她比妹妹高一点儿。
（2）我的衣服没有她的那么贵。
（3）北京比广州冷多了。
（4）我的中文没有他的那么好。
（5）她的脸像苹果一样红。
（6）我学习中文是为了找工作。
（7）我来这里是为了看你。

5. A.（1）咖啡苦苦的。　（2）西瓜甜甜的。　（3）山高高的。
（4）月亮弯弯的。　（5）她们高高兴兴地回家了。

（6）她认认真真地看书。

B.（1）长江比黄河长 933 千米。

（2）那件衣服比这件贵 20 块。

（3）我的箱子比他的重 2 公斤。

（4）大象比猴子大得多。

（5）E2 班的学生没有 E6 班的多。

（6）他没有我来得早。

（7）我没有他跑得快。

C.（1）有广州这么热吗

（2）听说课的作业没有阅读课的多

（3）你姐姐的中文说得有你好吗

（4）我跑得比他还快

6.（1）阿里有艾文高吗

（2）阿里没有艾文重

（3）阿里有艾文大吗

（4）阿里的成绩有艾文的好吗

（5）阿里打得比艾文好

（6）阿里游得不比艾文快

7.（1）我跑得比他快得多。

（2）我没有他高。

（3）他的年龄比我大。

（4）因为天气不好，我们今天没有出去。

（5）我来中国是为了学习中文。

8. (1) √　(2) √　(3) ×　(4) ×　(5) √

9. (略)

第二课　现在习惯了

1. (略)

2. 完全习惯　差不多习惯　气候潮湿　一直睡觉　一直失眠
   一直有兴趣　菜很油腻　菜很新鲜　觉得很油腻　觉得很新鲜
   生活习惯

3. (1) 潮湿　(2) 刚　(3) 一直　(4) 原因　(5) 失眠
   (6) 完全　(7) 生活　(8) 硬　(9) 新鲜　(10) 国家

4. (答案合理即可，以下供参考)
   (1) 只是有点儿累
   (2) 只是没有时间
   (3) 已经习惯了这里的生活
   (4) 明天也许会下雨
   (5) 他没来上课的原因
   (6) 你不能这样做
   (7) 这样做一定能学好中文
   (8) 好啊，我对书法很感兴趣

（9）有的好吃，有的有点儿油腻

5.（1）他跟弟弟一样高。

（2）我喜欢的颜色跟他不一样。

（3）米亚喜欢的运动跟阿里不一样。

（4）姐姐的头发跟妹妹的不一样长。

（5）我们国家跟广州不一样冷。

（6）这件衣服的价格跟那件的不一样。

6.（1）我跑得跟他一样快。

（2）他考得跟我一样好。

（3）她跟妈妈一样漂亮。

（4）我跟他一样喜欢吃中国菜。

（5）这件衣服跟那件不一样大。

（6）你什么时候来我家都可以。

（7）谁有时间就谁去。

7.（答案合理即可，以下供参考）

（1）做什么都可以

（2）他什么也没说

（3）谁都不能进去

（4）哪儿都没去过

（5）哪家的衣服便宜就去哪家

（6）谁唱得好听谁去

（7）什么时候方便什么时候去

8.（略）

9.（略）

第三课　叫外卖

1.（略）

2.（1）快餐　中餐　套餐
（2）微风　微辣　微甜
（3）水果　苹果　芒果
（4）耐心　小心　好心
（5）打包　面包　红包

3.（1）种　（2）方法　（3）暂时　（4）改　（5）微
（6）马上　（7）停止　（8）直接　（9）耐心　（10）告诉

4.（1）我想去旅行，但是我很忙，没有时间。
（2）我喜欢吃月饼，但是不会做月饼。
（3）我在中国，不但可以学习中文，而且可以跟中国人做生意。
（4）我会游泳，但是游得很慢。
（5）我们不但可以用电话订餐，而且可以用手机 App 订餐。
（6）外卖很方便，但是有时候食物不太新鲜。

(7) 我不但有手机，而且有电脑。

(8) 他感冒了，不但流鼻涕，而且咳嗽。

5. (1) “眼镜”我读成“眼睛”了。

(2) “午饭”我写成“牛饭”了。

(3) 美元我换成人民币了。

(4) 小男孩长成个大帅哥了。

(5) 光中文书我就有五十多本。

(6) 光长裙子我都有十几条。

(7) 他光看不说。

6. (答案合理即可，以下供参考)

(1) 除了艾文以外，别的同学都来了

(2) 除了广州以外，我还去过北京

(3) 很多，光黑色的就有十几支

(4) 我光看不买

(5) 他不但会写，而且写得很好看

(6) 不但我去过，而且安娜也去过

(7) 长成个大姑娘了

(8) 换成大码的

(9) 我听成下午四点了

7. (略)

8. (略)

9. （1）√ （2）√ （3）× （4）× （5）√

第四课 你喜欢看功夫电影吗

1. （略）

2. （1）故事 （2）吸引 （3）通过 （4）演 （5）正好
（6）提高/提高 （7）错过 （8）段 （9）联系 （10）尤其

3. （1）尤其是 （2）演 （3）吸引人 （4）幽默 （5）通过
（6）提高 （7）学习 （8）生词 （9）喜剧

4. （答案合理即可，以下供参考）
A. （1）正好商场打折
（2）他进来的时候正好 8：30
（3）正好 90 分
（4）正好我有 100 块钱
（5）正好妈妈做好饭了
B. （略）
C. （1）球迷 （2）音乐迷 （3）中文迷 （4）财迷

5. （1）刚放假，写什么作业？
（2）才八点，太早了，睡什么觉？
（3）紧张什么？你又不是第一次考试。

（4）笑什么？我是很认真的。

（5）在宿舍休息舒服着呢。

（6）外面的雨大着呢。

（7）他聪明着呢，只是学习不努力。

（8）新款手机贵着呢，不要买。

6.（1）我在北京住了一段时间。

（2）他主演了这部电影。/他是这部电影的主演。

（3）这家饭店里的桌子都是粉红色的，吸引了很多女生来吃饭。

（4）在这里学习了一年中文，我的中文水平提高了。

（5）通过《舌尖上的中国》这部纪录片，我知道了中国有很多好吃的东西。

（6）我们抽个时间一起去旅行吧。

（7）来中国以后，我迷上了听中文歌，每天都要听。

（8）上次和米娜一起喝过茶以后，我迷上了喝茶。

7.（1）我是昨天来中国的。

（2）我是在书店看见的安娜。

（3）昨天我是跟朋友一起去的移民局。

（4）她是一个很特别的女孩儿。

（5）我迷上了看中国电影。

8.（略）

9.（略）

10.（略）

11.（略）

12.（略）

第五课　打车软件

1.（略）

2.（1）成功　（2）方式　（3）过期　（4）夸奖　（5）赶
（6）简便　（7）选择　（8）延长　（9）出门　（10）使用

3.（1）他喜欢在家里，不喜欢出门。
（2）打开 GPS，就能知道你的位置了。
（3）比赛延长了一天。/比赛延长到两天。
（4）老师夸奖他做得很好。
（5）我每天早上都要去赶公交车。
（6）买衣服的时候我常常不知道怎么选择。
（7）他太高兴了，因为试了那么多次后，他成功了。

4.（1）他工作到了 2 点。

（2）她抢到了回家的火车票。

（3）我听到他们说的话了。

（4）孩子找到妈妈了。

（5）小女孩儿自己穿上了衣服。

（6）最近她迷上了写汉字。

5. （1）上　（2）上　（3）上　（4）到　（5）到

（6）到　（7）成　（8）上　（9）上　（10）到

6. （1）我找到那本书了。

（2）我迷上了看足球比赛。

（3）我走到了教学楼前面。

（4）我们学到了第 6 课。

（5）周末我睡到了 10 点。

（6）他正在往公司赶。

（7）下午姐姐过来看我了。

7. （答案合理即可，以下供参考）

（1）只要努力

（2）就会去看书

（3）只要发了工资

（4）只要大家的中文水平能提高

（5）我们就去爬山

（6）不是你的吗

（7）你没拿走吗

（8）买到票

（9）到家以后

8.（略）

9.（略）

第六课　我们去唱 K 吧

1.（1）首　（2）次/场　（3）部　（4）段　（5）张　（6）辆

2.（1）调　（2）丰富　（3）搞　（4）奖　（5）商量
（6）放松　（7）活动　（8）包　（9）划算　（10）同意

3.（1）商量　（2）累　（3）逛街　（4）建议
（5）活动　（6）划算　（7）包　（8）同意
（9）不但　（10）放松　（11）首　（12）原唱
（13）过奖　（14）查找　（15）歌星　（16）拼音
（17）调　（18）好听　（19）奖

4.（1）我和朋友们商量去哪儿玩儿。
（2）唱歌不但可以放松自己，而且可以学习中文。
（3）我才看了 5 本书。
（4）没想到你唱歌这么厉害。

（5）请帮我调大一点儿。

（6）这件衣服小了点儿。

5.（1）这件衣服很便宜，才 50 块钱。

（2）你别生气了，他才 5 岁。

（3）才 6 点，你怎么起床了？

（4）他才吃了一个面包。

（5）我才来中国两个月。

（6）我们才学了 5 课，还有 10 课。

6.（1）B （2）B （3）C （4）B （5）B （6）B

（7）B （8）B

7.（1）一边唱一边跳 （2）一边吃一边看

（3）一边走一边看 （4）一边喝茶一边聊天儿

（5）一边吃饭一边聊天儿 （6）一边走路一边听音乐

8.（略）

9.（略）

10.（略）

11.（略）

第七课　喝早茶

1.

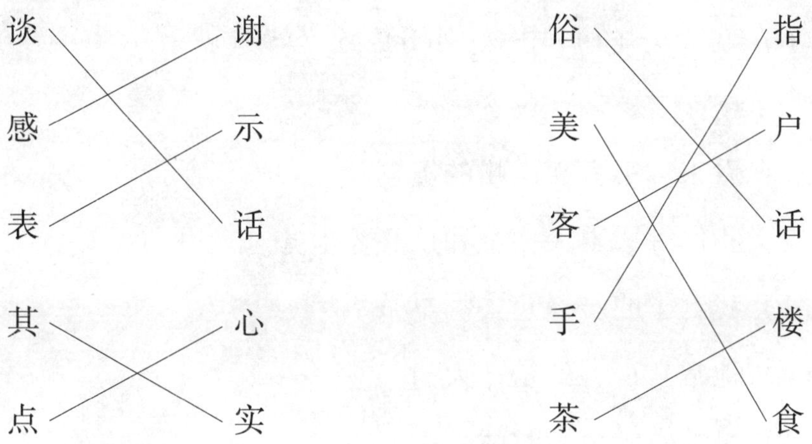

2.（1）谈　（2）感谢　（3）其实　（4）人气　（5）敲

（6）约　（7）轻　（8）满/满（9）齐　（10）超

3.（1）以前　（2）俗话　（3）超　（4）美食家　（5）介绍

（6）错过　（7）一边　（8）一边　（9）虾饺　（10）等

（11）带　（12）一起

4.（1）他跟别人说他是英国人，其实他是美国人。

（2）美食家其实就是特别会吃的人。

（3）朋友要走了，我送她一束花表示祝福。

（4）我送她一束花表示感谢。

（5）他太喜欢看电视了，常常一看就是一天。

（6）他很喜欢说话，一说就是一个小时。

（7）这个时候他还没来，看来他不会来了。

5.（1）才/就 （2）就/才 （3）才 （4）就 （5）才

（6）就 （7）才 （8）才 （9）就

6.（1）看来你很喜欢广州的美食。

（2）我们等了半天，茶和点心才上齐。

（3）我约了朋友一起去喝早茶。

（4）他常常一看就是一天。

（5）坐地铁半个小时就到了。

（6）坐公共汽车一个小时才到。

7.（1）B （2）A （3）B （4）B （5）C （6）C

（7）C （8）D

8.（略）

9.（略）

第八课　网上购物真方便

1.（1）商场　（2）零食　（3）数码产品　（4）耳机
（5）价钱　（6）客服　（7）百分之百　（8）好评
（9）购物

2. zhōng/zhòng　dāng/dàng　pián/biàn
dì/de　dé/de

3.（1）当天　（2）之内　（3）放心　（4）看中　（5）犹豫
（6）赶快　（7）保证　（8）淘　（9）保修　（10）满意

4.（1）和面条相比，我更喜欢米饭。
（2）和出去玩儿相比，我更想在家休息。
（3）如果你是会员，生日当天会有礼物。
（4）我们店里的东西百分之百是正品，你放心吧。
（5）他做决定的时候一直都很犹豫。
（6）我保证以后会按时起床，坚持运动。
（7）昨天我看中了一件蓝色的衣服。

5.（1）来　（2）来　（3）去　（4）来　（5）来
（6）去　（7）来　（8）来　（9）回　（10）下

6.（1）我拿了一本中文书来。
（2）他到北京去了。
（3）我买来了一张电影票。
（4）大家快点儿上车去吧。
（5）他下楼去了。
（6）妈妈给我送来了一些衣服。

7.（1）地 （2）得 （3）的 （4）得 （5）的/的
（6）的 （7）地 （8）得 （9）地 （10）的

8.（略）

9.（略）

10.（略）

第九课 去游乐园

1. 胆子很小 非常刺激 走几步 只好放弃 哇哇大叫

2.（1）排队 （2）系 （3）放弃 （4）项目 （5）胆子
（6）忘 （7）吓人/敢 （8）上车 （9）步/步 （10）刺激
（11）非 （12）突然 （13）怕

3. (答案合理即可，以下供参考)

A.（1）我今天玩儿了一天游戏，太过瘾了。

（2）我今天一个人吃了一个西瓜，太过瘾了。

（3）我今天看了一天的电视，太过瘾了。

B.（1）我说买蓝色的，他非要买红色的。

（2）我说去北京旅游，他非要去上海。

（3）我说明天去，他非要今天去。

C.（1）他不愿意跟我一起去，我只好自己去。

（2）同学们都没有复习好，老师只好明天考试。

（3）雨下得太大了，我们只好回家。

D.（1）我就给你买一个名牌包包

（2）我想回到小时候

（3）要是同学们都没有问题

（4）要是吃饱了

4.（1）我一次也没去过

（2）我一个生词也没记住

（3）一件也没买

（4）一点儿也不冷

（5）一点儿也不辣

（6）这件事儿非你去做不可

（7）这次我非得考 100 分

（8）艾文非要我来

5.（1）他们都走下楼去了。

（2）他买回来了一件礼物。/他买了一件礼物回来。

(3) 我看见他走进图书馆去了。

(4) 他走回宿舍去了。

(5) 朋友给我送过来了一盘饺子。/朋友给我送了一盘饺子过来。

(6) 他们都爬上山去了。

6. (1) 打来 (2) 回来 (3) 带来 (4) 送去 (5) 上/去
(6) 下去 (7) 下来 (8) 进/来 (9) 带来

7. (略)

8. (略)

9. (略)

10. 大摆锤—3 跳楼机—7 海盗船—4 过山车—1 摩天轮—2
旋转木马—5 鬼屋—6

11. (略)

第十课 喂，你的快递

1. (1) 快递 (2) 帮忙 (3) 短信 (4) 公司 (5) 辛苦
(6) 速度

2.（1）实惠 （2）空儿 （3）查看 （4）服务 （5）增加
（6）即使 （7）通知 （8）辛苦 （9）帮忙 （10）耽误

3. 看得见/到 听得见/到 去得了 吃得完/了
看不见/到 听不见/到 去不了 吃不完/了
买得到 做得了 进得去 回得来
买不到 做不了 进不去 回不来
（1）回不来 （2）去不了 （3）吃得完 （4）看不见
（5）听不见 （6）进不去 （7）买不到 （8）做不完
（9）回不了 （10）吃得完

4.（答案合理即可，以下供参考）
（1）辛苦您了。
（2）你可以帮我取一下快递吗？
（3）不好意思，我没有看到信息。
（4）这条路上现在增加了很多新公司。
（5）吃得太慢，会耽误看电影。
（6）不要在这里排队了，太耽误时间了。
（7）即使朋友们都不去，我也要去。
（8）你要加油啊，即使很难，也不要放弃。

5.（答案合理即可，以下供参考）
（1）我明天有个很重要的会，去不了
（2）打不了电话
（3）我前天睡得太晚了，早上起不来
（4）这么多我们复习不完

（5）我忘了拿要钥匙，进不去

（6）刚来的时候，我听不懂，也看不懂

（7）买票的人太多，我买不到票

（8）今天我身体不太舒服，打不了球

6.（略）

7.（略）

8.（略）

9.（略）

第十一课　我要团购

1.（略）

2.

价格 — 公道		特色 — 套餐	
服务 — 周到		熟悉 — 环境	
省 — 时间		追 — 剧	
环境 — 舒适		宅 — 在家	
推荐 — 小吃		团购 — 菜	

3.（1）下载 （2）熟悉 （3）部分 （4）实在 （5）评价
（6）周到 （7）团购 （8）舒适 （9）果然 （10）推荐

4.（1）他原来看不懂中文电影，现在可以看懂了。
（2）他好长时间没来上课，原来他生病了。
（3）你果然在家里。
（4）天气预报说今天有雨，下午果然下雨了。
（5）这个箱子太重了，我实在拿不动。
（6）我昨天实在太累了，很早就睡觉了。
（7）最后我还是买了那条裙子，省了 50 块钱呢。
（8）坐飞机比坐火车省十多个小时。

5.（答案合理即可，以下供参考）
（1）既好吃又便宜。
（2）既好看又便宜。
（3）坐飞机吧，既快又舒服。
（4）我不怎么锻炼身体。
（5）我们不怎么考试。
（6）我不怎么喜欢吃辣的。
（7）我没怎么复习。
（8）去了，味道果然很好！

6.（略）

7.（略）

8.（1）×　（2）×　（3）√　（4）√　（5）×

9.（略）

第十二课　我要退货

1.（1）复—夏　（2）贷—货　（3）做—作　（4）题—提
（5）里—理　（6）先—选　（7）增—赠　（8）看—着

2.（1）提出　（2）理由　（3）不管　（4）合身　（5）操作
（6）选项　（7）退款　（8）之后　（9）保障　（10）赠送

3.（1）门开着。
（2）窗户关着。
（3）她坐着喝茶。
（4）老师站着上课。/学生坐着听课。
（5）她躺着看手机。

4.（1）坐着　喝着　（2）听着　（3）穿着　（4）开着
（5）拿着　（6）唱着　（7）躺着　（8）躺着　听着

5.（1）过　（2）了　（3）着　（4）过　过　（5）着
（6）了　（7）着　（8）着

6.（1）他骑着自行车来学校。

（2）他们喝着茶聊天。

（3）她听着音乐跑步。

（4）他们正看着电影呢。

（5）他哭着对我说。

（6）教室的门开着，灯亮着。

7.（答案合理即可，以下供参考）

（1）不管你有什么困难

（2）不管别人怎么说

（3）不管别人说什么

（4）不管天气好不好

（5）考试之后就

（6）之后就没有来过了。

（7）之后就运动

（8）提出申请

8.（1）他唱着歌走过来。

（2）我们在房间里坐着谈话。

（3）妈妈身上穿着一件黑毛衣。

（4）这家店晚上也不关。

（5）我看到他在前面站着。

（6）不管你去不去，我都要去。

（7）不管谁来，都不能让他进去。

9. （略）

10. （略）

11. （略）

词汇表 Vocabulary

生词总表（按音序排列）

A

爱情片	àiqíng piàn	(4)
安全带	ānquándài	(9)

B

百分之百	bǎi fēn zhī bǎi	(8)
半天	bàntiān	(7)
帮忙	bāngmáng	(10)
包邮	bāo yóu	(12)
宝贝	bǎobèi	(10)
保修	bǎoxiū	(8)
保障	bǎozhàng	(12)
保证	bǎozhèng	(8)

注：括号里的数字表示生词所在的课。

Note：The numbers in brackets indicate the lesson where the new words are located.

蹦	bèng	(9)
必须	bìxū	(6)
毕业	bìyè	(1)
变成	biànchéng	(6)
表示	biǎoshì	(7)
不过	búguò	(4)
不管	bùguǎn	(12)
步	bù	(9)
部	bù	(4)
部分	bùfen	(11)

C

操作	cāozuò	(12)
叉烧包	chāshāo bāo	(7)
茶楼	chálóu	(7)
查看	chákàn	(10)
查找	cházhǎo	(6)
差不多	chàbuduō	(1)
产品	chǎnpǐn	(8)
肠粉	cháng fěn	(7)
唱 K	chàng K	(6)
超	chāo	(7)
潮湿	cháoshī	(2)
车型	chēxíng	(5)

衬衣	chènyī	(12)
成	chéng	(3)
成功	chénggōng	(5)
抽	chōu	(4)
抽屉	chōuti	(9)
出来	chūlái	(9)
出门	chūmén	(5)
出去	chūqù	(2)
出入境中心	chūrùjìng zhōngxīn	(5)
出行	chūxíng	(5)
除了……以外	chúle……yǐwài	(3)
垂直	chuízhí	(9)
刺激	cìjī	(9)
错过	cuòguò	(4)

D

打包	dǎbāo	(3)
大摆锤	dà bǎi chuí	(9)
大夫	dàifu	(1)
代收点	dài shōu diǎn	(10)
戴	dài	(1)
耽误	dānwu	(10)
胆子	dǎnzi	(9)
当	dāng	(1)

当天	dàngtiān	(8)
倒	dào	(7)
地	de	(8)
地图	dìtú	(5)
点心	diǎnxin	(7)
电脑	diànnǎo	(3)
订票	dìngpiào	(4)
东门	dōng mén	(10)
冬天	dōngtiān	(2)
动作	dòngzuò	(4)
短信	duǎnxìn	(10)
段	duàn	(4)

E

耳机	ěrjī	(8)

F

发展	fāzhǎn	(1)
方法	fāngfǎ	(3)
方式	fāngshì	(5)
放弃	fàngqì	(9)
放松	fàngsōng	(6)
放心	fàngxīn	(8)

非	fēi	(9)
丰富	fēngfù	(6)
服务	fúwù	(10)

G

改	gǎi	(3)
赶	gǎn	(5)
赶快	gǎnkuài	(8)
敢	gǎn	(9)
感觉	gǎnjué	(1)
感谢	gǎnxiè	(7)
感兴趣	gǎn xìngqù	(2)
刚才	gāngcái	(5)
搞	gǎo	(6)
告诉	gàosu	(3)
歌名	gēmíng	(6)
歌曲	gēqǔ	(6)
歌星	gēxīng	(6)
个子	gèzi	(1)
公道	gōngdào	(11)
公司	gōngsī	(1)
功夫	gōngfu	(4)
购物	gòu wù	(8)
故事	gùshi	(4)

官方	guānfāng	(8)
光	guāng	(3)
鬼屋	guǐwū	(9)
国家	guójiā	(2)
果然	guǒrán	(11)
果汁	guǒzhī	(3)
过奖	guòjiǎng	(6)
过期	guòqī	(5)
过山车	guòshānchē	(9)
过瘾	guòyǐn	(9)

H

海盗船	hǎidào chuán	(9)
好评	hǎopíng	(8)
好听	hǎotīng	(6)
合身	héshēn	(12)
和……相比	hé……xiāngbǐ	(8)
黑眼圈	hēiyǎnquān	(2)
壶	hú	(7)
划算	huásuàn	(6)
环境	huánjìng	(11)
黄	huáng	(1)
活动	huódòng	(6)
伙伴	huǒbàn	(11)

火锅	huǒguō	(11)
货	huò	(12)

J

机会	jīhuì	(1)
即使	jíshǐ	(10)
系	jì	(9)
寄	jì	(12)
既……又……	jì……yòu……	(11)
价格	jiàgé	(5)
假期	jiàqī	(6)
价钱	jiàqián	(8)
肩膀	jiānbǎng	(12)
简便	jiǎnbiàn	(5)
将来	jiānglái	(1)
奖	jiǎng	(6)
接单	jiē dān	(5)
紧	jǐn	(12)
精彩	jīngcǎi	(4)
景点	jǐngdiǎn	(11)
菊花茶	júhuā chá	(7)
剧	jù	(11)

K

开玩笑	kāi wánxiào	(1)
开学	kāixué	(1)
看中	kànzhòng	(8)
科幻片	kēhuànpiàn	(4)
客服	kèfú	(8)
客户	kèhù	(7)
客人	kèrén	(7)
课余	kèyú	(4)
口碑	kǒubēi	(6)
夸奖	kuājiǎng	(5)
快餐	kuàicān	(3)
快递	kuàidì	(10)
快递费	kuàidì fèi	(12)
快递柜	kuàidì guì	(10)
快递员	kuàidì yuán	(10)

L

来自	láizì	(1)
理由	lǐyóu	(12)
例如	lìrú	(3)
了	liǎo	(10)
了解	liǎojiě	(1)
零食	língshí	(8)

M

马路	mălù	(5)
马上	măshàng	(3)
卖家	màijiā	(12)
满	măn	(7)
满意	mănyì	(8)
美食	měishí	(7)
美食家	měishíjiā	(7)
门票	ménpiào	(11)
迷	mí	(4)
免费	miănfèi	(8)
模特	mótè	(1)

N

奶茶	năichá	(3)
耐心	nàixīn	(3)

P

怕	pà	(9)
排队	páiduì	(9)
拼车	pīnchē	(5)
拼音	pīnyīn	(6)

平均	píngjūn	(11)
评价	píngjià	(11)

Q

齐	qí	(7)
其实	qíshí	(7)
旗舰店*	qíjiàn diàn	(8)
气候	qìhòu	(2)
签证	qiānzhèng	(5)
敲	qiāo	(7)
亲戚	qīnqi	(7)
轻	qīng	(7)
情节	qíngjié	(4)
取	qǔ	(10)
取件码	qǔ jiàn mǎ	(10)
去年	qùnián	(2)
券	quàn	(11)

R

热情	rèqíng	(6)
人气	rénqì	(7)
人物	rénwù	(4)
软件	ruǎnjiàn	(5)

S

商量	shāngliang	(6)
商品	shāngpǐn	(12)
上车	shàng chē	(9)
上映	shàngyìng	(4)
烧麦	shāomài	(7)
生活	shēnghuó	(2)
生活用品	shēnghuó yòngpǐn	(8)
生意	shēngyi	(1)
声音	shēngyīn	(6)
省	shěng	(11)
失眠	shīmián	(2)
实惠	shíhuì	(10)
实体店	shítǐ diàn	(8)
实在	shízài	(11)
食物	shíwù	(3)
使用	shǐyòng	(5)
事情	shìqing	(10)
手指	shǒuzhǐ	(7)
首	shǒu	(6)
书法	shūfǎ	(11)
舒适	shūshì	(11)
熟悉	shúxī	(11)
数码	shùmǎ	(8)

帅	shuài	(1)
水平	shuǐpíng	(4)
俗话	súhuà	(7)
速度	sùdù	(10)

T

谈	tán	(7)
淘	táo	(8)
套餐	tàocān	(3)
特色	tèsè	(11)
提出	tíchū	(12)
提高	tígāo	(4)
体验	tǐyàn	(11)
调	tiáo	(6)
跳	tiào	(9)
停止	tíngzhǐ	(3)
通知	tōngzhī	(10)
同意	tóngyì	(6)
突然	tūrán	(9)
图片	túpiàn	(3)
团购	tuángòu	(11)
推荐	tuījiàn	(11)
退换	tuìhuàn	(8)

退货	tuìhuò	(12)
退款	tuìkuǎn	(12)

W

哇哇大叫	wāwā dàjiào	(9)
外卖	wàimài	(3)
外贸*	wàimào	(1)
完全	wánquán	(2)
网购	wǎnggòu	(8)
网上	wǎng shàng	(8)
网友	wǎngyǒu	(11)
旺	wàng	(7)
微	wēi	(3)
为了	wèile	(1)
位置	wèizhì	(5)
文化	wénhuà	(1)
五星	wǔxīng	(8)
武打	wǔdǎ	(4)

X

吸引	xīyǐn	(4)
习惯	xíguàn	(2)
喜剧片	xǐjù piàn	(4)

虾饺	xiā jiǎo	(7)
下单	xiàdān	(5)
吓人	xiàrén	(9)
夏天	xiàtiān	(12)
像	xiàng	(1)
销售	xiāoshòu	(3)
辛苦	xīnkǔ	(10)
新鲜	xīnxiān	(2)
信息	xìnxī	(10)
袖子	xiùzi	(12)
选项	xuǎnxiàng	(12)
选择	xuǎnzé	(5)
学生卡	xuéshēng kǎ	(9)

Y

延长	yáncháng	(5)
眼睛	yǎnjing	(1)
眼镜	yǎnjìng	(1)
演	yǎn	(4)
样子	yàngzi	(1)
要是	yàoshi	(9)
也许	yěxǔ	(2)
一边……一边	yìbiān……yìbiān	(6)
一直	yìzhí	(2)

饮料	yǐnliào	(3)
影星	yǐngxīng	(4)
硬	yìng	(2)
优惠	yōuhuì	(11)
幽默	yōumò	(1)
尤其	yóuqí	(4)
犹豫	yóuyù	(8)
油腻	yóunì	(2)
游乐园	yóulè yuán	(9)
有的	yǒude	(2)
愉快	yúkuài	(1)
语言	yǔyán	(4)
原唱	yuánchàng	(6)
原来	yuánlái	(11)
原因	yuányīn	(2)
约	yuē	(7)
运费险	yùnfèi xiǎn	(12)

Z

暂时	zànshí	(3)
增加	zēngjiā	(10)
赠品	zèngpǐn	(8)
赠送	zèngsòng	(12)
宅	zhái	(11)

长	zhǎng	(1)
账号	zhànghào	(8)
着	zhe	(12)
正好	zhènghǎo	(4)
正品	zhèngpǐn	(8)
之后	zhīhòu	(12)
之内	zhī nèi	(8)
直接	zhíjiē	(3)
只好	zhǐhǎo	(9)
只是	zhǐshì	(2)
只要	zhǐyào	(5)
中医	zhōngyī	(1)
种	zhǒng	(3)
种类	zhǒnglèi	(6)
周到	zhōudào	(11)
主角	zhǔjué	(4)
主演	zhǔyǎn	(4)
专业	zhuānyè	(1)
追	zhuī	(11)
桌子	zhuōzi	(7)
自助餐*	zìzhùcān	(6)
最近	zuìjìn	(2)
座位	zuòwèi	(11)

专名

艾丽	Àilì	(7)
《宝贝计划》	《Bǎobèi Jìhuà》	(4)
成龙	Chéng Lóng	(4)
大众点评	Dàzhòng diǎnpíng	(11)
饿了么	È le me	(3)
好莱坞	Hǎoláiwù	(4)
K 歌王	K gēwáng	(6)
马丁	Mǎdīng	(7)
美团	Měi tuán	(3)
十一	Shí-Yī	(6)
《泰囧》	《Tàijiǒng》	(4)
《童话》	《Tónghuà》	(6)
《我的少女时代》	《Wǒ de shàonǚ shídài》	(4)

MPR 出版物链码使用说明

本书中凡文字下方带有链码图标“══”的地方，均可通过“泛媒关联”App 的扫码功能或“泛媒阅读”App 的“扫一扫”功能，获得对应的多媒体内容。

您可以通过扫描下方的二维码下载“泛媒关联”App、“泛媒阅读”App。

“泛媒关联”App 链码扫描操作步骤：

1. 打开“泛媒关联”App；
2. 将扫码框对准书中的链码扫描，即可播放多媒体内容。

“泛媒阅读”App 链码扫描操作步骤：

1. 打开“泛媒阅读”App；
2. 打开“扫一扫”功能；
3. 扫描书中的链码，即可播放多媒体内容。

扫码体验：